MANUEL DES STATUTS

DE

LA SOCIÉTÉ

D'ASSURANCE MUTUELLE PARISIENNE.

Le principe de la mutualité, c'est la garantie de chacun par tout le monde, et l'assurance la plus complète par le prix le plus abaissé.

PARIS,

AU SIÉGE DE LA SOCIÉTÉ,

RUE DE LA VICTOIRE, 86.

MANUEL

DES STATUTS

DE

LA SOCIÉTÉ

D'ASSURANCE MUTUELLE PARISIENNE.

Imprimerie de D'URTUBIE, WORMS et Cie,
rue Saint-Pierre-Montmartre, 17.

MANUEL

DES STATUTS

DE

LA SOCIÉTÉ

D'ASSURANCE MUTUELLE PARISIENNE.

PARIS,

AU SIÉGE DE LA SOCIÉTÉ,

RUE DE LA VICTOIRE, 36.

1837.

AVIS.

Messieurs les propriétaires et négocians qui voudront faire assurer la totalité de leurs mobiliers et marchandises, ou l'excédant, s'ils sont assurés déjà aux Compagnies à primes, n'auront qu'à écrire à M. le Directeur, au siége de l'Administration, rue de la Victoire, nº 36, qui s'empressera de leur adresser un de MM. les délégués de la Société.

AUX HABITANS DE PARIS.

Pensant qu'il pouvait être utile au succès de cette Société de donner une sorte de Manuel raisonné des statuts, l'auteur principal, administrateur provisoire de la Société Parisienne, a cherché, dans un travail sans prétention, à atteindre ce but, de manière que chacun connût bien la portée de son engagement envers la Société, et de celle-ci envers lui.

Si ce résumé remplit les conditions voulues, l'auteur sera suffisamment récompensé des travaux et des efforts qu'il a faits depuis deux ans, de concert avec ses collègues, pour faire consacrer le principe de la mutualité à la garantie des mobiliers et des marchandises; c'est aux habitans de Paris, dans l'intérêt desquels la Société a été créée, qu'il fait hommage de son travail.

Quelques observations touchant les compagnies à prime, et quelques réflexions sur le danger de la concurrence en matière de sociétés mutuelles, ont été placées à la suite du Manuel; on y a joint un tableau comparatif du prix de l'assurance dans la Société mutuelle avec celui des compagnies à prime, mis en regard, afin de faciliter au lecteur la connaissance de la classe dans laquelle il sera placé en s'assurant, ce qu'il aura à payer, et de lui faire voir l'économie considérable que lui offrira la Société Mutuelle Parisienne sur les compagnies à prime.

Les fondateurs n'étant que les *promoteurs* de cette utile institution; c'est à l'intelligence, à la perspicacité, au concours et à l'intérêt bien entendu des habitans de Paris qu'il appartient d'achever cette œuvre toute d'intérêt général, qui leur offrira, dès l'origine et progressivement, des avantages considérables.

Tous les propriétaires sont particulièrement intéressés à propager cette nouvelle Société, qui seule pouvait, par l'abaissement de ses prix, décider les locataires de toutes classes à y prendre part. Jusqu'à présent les locataires se sont fait assurer en petit nombre à cause du haut prix des assurances des compagnies à prime.

Les propriétaires sentiront donc qu'ils trouvent un gage nouveau et important dans ce nouveau mode d'assurance pour la sûreté de leurs loyers, puisqu'elle convertit leurs priviléges purement mobiliers et fugitifs, en une véritable hypothèque, aussi solide que si elle reposait sur une valeur immobilière de sa nature.

Le Conseil-d'État, qui a perfectionné et approuvé les statuts de la Société, n'a résisté pendant 19 ans, à donner son autorisation à l'application du principe de la mutualité à l'assurance des objets mobiliers, qu'à raison de leur nature fugitive, et il n'a cédé enfin , que sur la preuve qu'un fonds de garantie modéré , immobiliserait toutes les valeurs sujettes à être transportées d'une manière plus ou moins cachée, et qu'alors la Société n'aurait à souffrir, ni des faillites, ni d'autres causes de non-valeurs. Il a trouvé aussi une garantie, contre tout esprit de spéculation, dans la conception toute d'utilité publique de cette institution, et dans la composition des fondateurs, au nombre desquels figurent les maires de Paris, des magistrats de l'ordre judiciaire et consulaire, des pairs de France, des députés et des notabilités commerciales.

Le système de la Mutualité éprouvé à Paris par vingt années de succès, dans son application à l'assurance des maisons, l'est également aujourd'hui, pour l'assurance des objets mobiliers, par les succès qu'ont obtenus en Amérique et en Suisse des Sociétés du même genre.

Les avantages résultant de la puissante garantie de l'association mutuelle, formée sur une vaste échelle, ne peuvent plus être mis en doute; ils résultent du bon marché des cotisations réparties entre un grand nombre de propriétaires proportionnellement au capital d'objets assurés, capital illimité, sans autres frais additionnels que ceux que rend indispensables le besoin d'une administration commune, sans attribuer, à qui que ce soit, le moindre bénéfice d'assureur ou d'actionnaire. On a ainsi résolu le problème d'associer, sans que l'une portât préjudice à l'autre, toutes les positions et toutes les professions qui appartiennent aux habitans de Paris, en graduant les cotisations d'après les risques particuliers à chacune d'elles.

Rien n'a été négligé par les fondateurs pour discerner et mettre en œuvre les véritables élémens de la garantie et de l'économie, qui sont le le but de l'institution. Cette garantie et cette économie reposent essentiellement sur le partage et la répartition des pertes et des frais entre un grand nombre d'associés , et de valeurs assurées ; il y a donc un immense intérêt à ne pas fausser, en le fractionnant, l'application du principe de la mutualité. Cependant , les intérêts froissés se remuent , et la spéculation tente de s'établir sur le principe même qui l'exclut, ne fût-ce que pour le compromettre en le divisant, et le rendre par là stérile.

Les habitans de Paris, si grandement intéressés à la prospérité de *la Société Mutuelle mobilière parisienne , légalement autorisée par ordonnance royale du 6 septembre*, ne se laisseront pas prendre au piége, qui ne peut avoir pour effet que de retarder leur concours général ; ils sentiront, au contraire , qu'il est de leur intérêt de se hâter de prendre part à cette association, dont le résultat définitif doit être de payer tous les incendies avec le seul intérêt du minime fonds de prévoyance.

Tout ceci bien compris , il ne peut rester aucun doute, que la population Parisienne, en faveur de laquelle tant d'efforts et beaucoup de sacrifices ont été faits par les premiers fondateurs, se tiendra en garde contre toutes les surprises, sous quelque forme qu'elles soient tentées, et que Messieurs les délégués recevront d'elle l'accueil dû à une mission toute morale, lorsqu'ils se présenteront à l'effet de recevoir des adhésions. Ils s'efforceront personnellement de continuer à se rendre dignes de la bienveillance dont ils reçoivent journellement des témoignages.

Les habitans de Paris apprendront avec plaisir et gratitude, que si la Société Mutuelle Parisienne a rencontré des obstacles sans nombre, des difficultés toujours renaissantes, suscitées dans sa marche par les intérêts particuliers, qui ont pris toutes les formes pour la combattre, ses fondateurs en ont été dédommagés par l'appui bienveillant que l'autorité supérieure a accordé à cette institution. M. le ministre du Commerce et des Travaux publics, M. le préfet de Police, et le Conseil-d'État lui-même, après avoir pris une parfaite connaissance du but de la Société Mutuelle Parisienne, et de ses moyens pour l'atteindre, ont considéré que cette Société était digne de leur intérêt ; aussi, ils le lui ont accordé pour lever les obstacles qui s'opposaient à la fondation de cette utile institution.

L'auteur de ce Manuel saisit avec empressement cette occasion pour rendre un témoignage public et sincère à l'appui et au concours si efficace des fondateurs de cette Société, qui se sont livrés, comme lui-même, avec le plus grand désintéressement et dévouement à la propagation du principe de la mutualité pour la garantie des mobiliers et marchandises.

MANUEL
DES STATUTS

DE LA

SOCIÉTÉ

D'ASSURANCE MUTUELLE PARISIENNE,

Avec

QUELQUES OBSERVATIONS SOMMAIRES SUR

LES BÉNÉFICES CONSIDÉRABLES ENCAISSÉS PAR

LES COMPAGNIES A PRIME FIXE ;

Enfin, un mot sur la concurrence en matière d'Assurance Mutuelle ;

Suivi

D'un Extrait du Constitutionnel du 25 octobre 1837 sur la Mutualité.

LOUIS-PHILIPPE, Roi des Français,

A tous présens et à venir, salut.

Sur le rapport de notre ministre secrétaire d'état des travaux publics, de l'agriculture et du commerce ;

Notre Conseil-d'État entendu,

Nous avons ordonné et ordonnons ce qui suit :

Art. 1er. La Société d'Assurance Mutuelle Mobilière

intérêts de la Société. Cette disposition donne toute sé- curité aux sociétaires sur les objets admis à l'assurance.

Le sociétaire, en recevant sa *police*, paie le montant de sa cotisation pour frais d'administration de la première année, ou pour trois ans si le mobilier ou les marchandises assurées sont au dessous d'une valeur de 4,000 fr · — il paie le coût des plaques et dépose le vingtième du fonds de garantie social (1).

M. le directeur voulant donner un témoignage de l'intérêt ne mérite la classe des propriétaires de mobiliers et marchandises, d'une valeur au dessous de 4,000 fr., a fait céder son intérêt particulier, à celui de cette classe nombreuse des habitans de Paris, en n'exigeant pas le paiement anticipé des trois années pour frais d'administration, ainsi que cela est prescrit dans les statuts de la Société.

Le 20° du fonds de garantie social appartient toujours à l'assuré, il est converti en rentes sur l'Etat, rapportant 4 p. cent; il lui est rendu à la fin de l'assurance.

Le conseil général peut proposer, si le capital social

(1) Pour faciliter aux personnes qui désireront faire partie de la Société Mutuelle, la connaissance de la catégorie dans laquelle leurs meubles et marchandises devront être classés, ce qu'ils devront payer pour frais d'administration, contribution aux sinistres, et le montant de la garantie sociale à déposer, on a placé à la fin de cet écrit, un tableau qui contient la nomenclature de tous les objets engagés à l'assurance, avec les tarifs comparatifs de la Société Mutuelle Parisienne, et ceux des Compagnies à prime fixe en regard.

dépasse certaines limites ; de diminuer le fonds de garantie social, de même que la cotisation pour frais administratifs, à la fin du forfait.

Le dépôt du vingtième du fonds de garantie social est une mesure de prudence, tout-à-fait dans l'intérêt de la Société ; au moyen de ce versement, elle ne peut pas éprouver de non-valeurs, soit pour cause de faillite, soit pour cause de déménagemens ; il lui permet d'indemniser sur-le-champ les sociétaires incendiés.

Ce dépôt, qui appartient toujours au sociétaire, et qui lui est rendu à l'expiration de son assurance, ainsi que nous l'avons dit plus haut, est par mille fr. savoir :

Pour la 1re classe de la 1re catégorie, de 0 fr. 60 c.
Pour la 2e   —   —   —   0   75
Pour la 3e   —   —   —   1
Pour la 1re classe de la 2e catégorie, de 1   50
Pour la 2e   —   —   —   2
Pour la 3e   —   —   —   2   50
Pour la 1re classe de la 3e catégorie, de 3
Pour la 2e   —   —   —   4
Pour la 3e   —   —   —   5

Le sociétaire est tenu de payer, en passant l'assurance, pour fourniture de deux plaques, placées l'une à l'intérieur, et l'autre à l'extérieur de la maison ; pour la remise d'un exemplaire des statuts, et pour la délivrance de la police. . . . . 2 fr. 25 c.

Tandis que les Compagnies à primes exigent, pour la fourniture d'une *seule plaque*, et de la police seulement. . . . . 4 fr.

Le montant de la cotisation annuelle, pour couvrir les frais d'administration, s'élève par année, si le sociétaire s'assure pour trois ans.   Par mille 0 fr. 50 c.

S'il s'assure pour six ans.   0   45 c.

Enfin pour neuf ans.   0   40 c.

PREMIÈRE CATÉGORIE.

Les mobiliers et marchandises placés dans la première classe de la première catégorie, en les faisant assurer pour neuf ans, ne paieront, y compris la cotisation aux sinistres, calculée sur une moyenne proportionnelle de 16 cent. par mille francs durant 16 ans, que. . . 0 44 c. $\frac{2}{1000}$ par mille, au lieu de 1 franc qu'ils paient aux compagnies à prime.

Ceux de la seconde classe, . . . 0 45 c. $\frac{3}{1000}$ par mille, au lieu de 1 fr. 25 c.

Ceux de la troisième classe. . . . 0 47 c. par mille, au lieu de 1 fr. 50 c.

DEUXIÈME CATÉGORIE.

Ceux de la 1re classe de la 2e Catégorie. 0 50 c. $\frac{6}{1000}$ par mille au lieu de 2 fr.

Ceux de la seconde classe, . . . 0 54 c. $\frac{7}{1000}$ par mille au lieu de 2 fr. 50 c.

Ceux de la troisième classe, . . . 0 57 c. $\frac{6}{1000}$ par mille au lieu de 3 fr.

TROISIÈME CATÉGORIE.

Ceux de la première classe 3e Catégorie 0 60 c. $\frac{2}{1000}$ par mille au lieu de 7 fr.

Ceux de la deuxième classe, . . . 0 68 c. $\frac{3}{1000}$ par mille au lieu de 8 fr.

Et ceux de la troisième classe comme étant les plus exposés au feu ne paient que . . . . 0 75 c. $\frac{3}{1000}$ par mille au lieu de 9 fr. aux compagnies à prime fixe.

Le dernier paragraphe de l'article 8 permet au conseil d'administration de faire participer aux bienfaits de l'assurance mutuelle le plus grand nombre possible des habitans de Paris, en les admettant à l'assurance pour une période de moins de trois ans. Cette disposition profitera notamment aux personnes qui habitent momentanément Paris, aux nombreux employés de toutes les administrations dont la résidence éprouve des mutations fréquentes, aux syndics d'une faillite qui, par prudence, veulent faire assurer le mobilier et les marchandises d'un failli en attendant qu'ils puissent recevoir une destination : de même que les marchandises entreposées, ou en consignation.

Les frais d'administration pour ces courtes assurances sont fixés ainsi qu'il suit :

Pour une assurance de 3 mois et au dessous . . . . 0 f. 30 c. p. 1000 f.

Pour 3 mois jusqu'à 6 mois. 0 35 c. id.

Pour 6 mois jusqu'à un an . 0 50 c. id.

Lorsque l'assuré change de domicile, son assurance le suit ; mais il est tenu de le déclarer à l'administration dans les 24 heures, et s'il est placé dans les mêmes conditions de risques, il n'est rien changé à sa position d'assuré.

Le 1er paragraphe de l'art. 11 des statuts donne pleine latitude à l'assuré de faire tous les déplacemens qui lui conviendront dans la répartition de ses meubles et marchandises, mais toutefois dans l'intérieur des appartemens, boutiques, magasins, caves ou autres lieux mentionnés sur la feuille d'adhésion ou de la police.

S'il transporte, au contraire, partie des objets assurés dans un lieu non désigné sur la feuille d'adhésion ou de la police, il devra, dans les 24 heures du déplacement, en donner avis à l'administration, à peine d'un dixième de perte sur l'indemnité qu'il aurait à recevoir pour cause d'incendie.

En cas de décès de l'assuré ou de vente de son fonds de commerce (art. 12), déclaration doit en être faite dans la huitaine ; alors les obligations de la Société cessent et les successeurs de l'assuré ne sont pas tenus aux charges de l'assurance.

Les aliénations de marchandises rentrant dans les faits journaliers du commerce, sont exceptées de cette disposition.

En cas de faillite d'un associé, la police est résiliée de plein droit.

(Art. 24.) Tout incendie doit être dénoncé au di-

(21)

recteur dans les 24 heures de l'événement , soit par le propre assuré ou par toute autre personne qu'il charge expressément de ce soin , à moins d'absence ou d'empêchement constaté, et ce, à peine de perdre ses droits à l'indemnité.

Après un incendie , l'estimation des dommages est faite à l'amiable ou par expertise. L'assuré incendié est remboursé intégralement du montant de ses pertes ; il ne supporte pas, comme dans les compagnies à prime fixe, une retenue d'un cinquième.

La Mutuelle Mobilière n'étant réellement qu'une association de famille, elle n'a aucun motif pour susciter à ses assurés de mauvaises chicanes, ainsi que cela résulte trop souvent dans d'autres compagnies de l'interprétation des articles insérés dans les polices. Tout Paris sait que le principe de la mutualité exclut toute difficulté, tout mauvais vouloir (1).

Toute indemnité, qui ne dépasse pas 10,000 fr., est payée dans les 24 heures , et si le dommage dépasse 10,000 fr. , le surplus lui sera payé dans le délai de 2 mois au plus tard.

CONSEIL-GÉNÉRAL.

Le conseil-général est composé (art. 28 des statuts)

(1) La mutualité inspire une telle confiance , que la Compagnie Générale a fait assurer à la Société mutuelle immobilière tous les immeubles qu'elle possède à Paris.

des quatre-vingts plus forts assurés, pris moitié parmi les propriétaires de marchandises, et moitié parmi les propriétaires de mobilier.

Tout sociétaire assuré à la fois pour son mobilier et ses marchandises sera classé dans la catégorie des propriétaires de mobilier, ou bien dans celle des négocians et commerçans, suivant que la valeur des marchandises assurées l'emporte sur celle des mobiliers, ou que cette dernière est plus forte que celle des marchandises.

Il est présidé par un de ses membres élu à la majorité des suffrages.

Le conseil-général nomme et révoque (art. 29) les membres du conseil d'administration et leurs suppléans. En cas de démission ou révocation du directeur actuel, le conseil-général pourvoit à son remplacement. Il choisit dans son sein un comité de trois membres chargés de surveiller pendant le cours de l'année toutes les opérations de l'administration.

Ce comité de surveillance a le droit d'inscrire ses observations sur le registre des délibérations du conseil d'administration ; il rend compte au conseil-général des observations qu'il a pu faire dans l'année, des abus à réprimer, des réformes et améliorations à introduire dans l'administration ; il peut, s'il le juge nécessaire aux intérêts de la Société, convoquer extraordinairement le conseil-général.

Le conseil-général se réunit *nécessairement* une fois par an.

Il ne peut délibérer valablement, s'il ne réunit la moitié plus un de ses membres; ses décisions sont prises à la majorité des suffrages.

Il a, en outre, *l'initiative* des mesures qui lui paraîtront importer au bon ordre, et à la conservation des intérêts de la Société, sans pouvoir, toutefois, s'écarter de l'acte constitutif, ni changer ou aggraver la condition des Sociétaires.

CONSEIL D'ADMINISTRATION.

Le conseil d'administration est composé (art. 30) de neuf membres et de six suppléans pris parmi les Sociétaires ayant au moins pour dix mille francs d'objets en marchandises, ou en mobilier engagés à l'assurance.

Il est renouvelé par tiers tous les deux ans; le sort désignera, pour les deux premiers renouvellemens, les membres sortans; ils pourront être réélus.

Sont nommés membres titulaires du conseil d'administration, *sauf l'approbation* du conseil-général dans sa première réunion, les Sociétaires dont les noms suivent:

MM.

Rousseau, pair de France, doyen des maires de Paris, maire du 3ᵉ arrondissement;

Berger, maire du 2ᵉ arrondissement, membre de la Chambre des Députés;

Démonts, maire du 11ᵉ arrondissement, membre de la Chambre des députés,

Bessas-Lamégie, maire du 10ᵉ arrondissement;

Cambacérès (de), pair de France, membre du conseil-général du département de la Seine;

Berryer fils, membre de la Chambre des députés;

Tarbé de Sablons, avocat-général à la Cour de cassation;

Defermon (le comte), membre de la Chambre des députés;

Andryane-de-la-Chapelle, membre du bureau de bienfaisance et des orphelins du choléra du 10ᵉ arrondissement, administrateur de la caisse d'épargne, ancien auditeur au Conseil-d'État, et ancien chambellan de l'empereur Napoléon, auteur principal du projet.

ADMINISTRATEURS SUPPLÉANS.

Lesergeant de Monnecove, membre de la Chambre des Députés;

Defermon (le vicomte), ancien député;

Himbert-de-Flégny (le baron), propriétaire, ancien sous-préfet;

Pinel, ancien notaire;

Houdaille, marchand de bois, capitaine de la 10ᵉ légion;

Edmond-Tarbé, propriétaire:

DIRECTEUR,

M. Métivier de Vals, propriétaire, ancien capitaine de cavalerie, colonel de la garde nationale;

DIRECTEUR-ADJOINT ,

M. FRESNEL , propriétaire, architecte, inspecteur
des Travaux publics , ancien membre du conseil-général des Prisons (1).

CAISSIER,

M. MARTIGNY-DES-ROCHES, ancien inspecteur-général
des forêts du duc d'Orléans, ancien sous-préfet de
Senlis.

Le conseil d'administration déterminera la gratifica-
tion à accorder à la personne qui, la première, viendra
donner avis de l'existence du feu, et à celle qui amènera
le premier tonneau d'eau sur le lieu de l'incendie.

Tout sociétaire a le droit de venir prendre connaissance au secrétariat de l'administration, lorsqu'il le ju-
gera convenable, de la situation générale du fonds de
garantie social, et du montant des sinistres, ou de
tout compte qui pourrait le concerner.

La Société est tenue d'adresser tous les six mois un
extrait de son état de situation au ministre du Commerce et des Travaux publics , de même qu'aux pré-
fets de Police et de la Seine.

En fixant le fonds de garantie à 2 p. 0|0, moyenne,

____

(1) Les fonctions du Directeur-adjoint sont très-importantes, attendu
qu'il remplace le Directeur absent ou malade, et qu'étant initié complètement aux affaires de la Société, à l'esprit qui doit présider à ses
actes, il expédiera les affaires à son défaut, sans que le bien du service
puisse en souffrir.

on savait très bien (après une expérience de 16 ans, qui a donné pour chiffre de sinistre, une moyenne proportionnelle au dessous de 16 centimes par 1,000 fr.) que jamais cette garantie ne pourrait être absorbée, à moins d'une catastrophe hors de toute prévision, qui aurait pour résultat l'incendie d'une portion considérable de Paris, et qui entraînerait par conséquent la ruine de toutes les compagnies à prime fixe, dont le capital social est si peu en rapport avec la masse de leurs assurances, puisqu'elles n'offrent réellement pour garantie que 37 centimes 1|10ᵉ pour 100 francs.

C'est donc uniquement pour répondre aux craintes malveillantes propagées par les partisans des compagnies à prime, sur l'insuffisance du capital social pour faire face aux sinistres, que la Société Mutuelle Parisienne a porté ce fonds de garantie au taux moyen de 2 p. 0|0, dont le 20ᵉ seulement est versé à la caisse sociale, et continue toujours d'être la propriété du sociétaire.

D'après toutes les prévisions et toutes les probabilités basées sur les résultats obtenus par les sociétés mutuelles de Paris, de Seine-et-Oise et de la Seine (Paris excepté), ainsi que par les compagnies à primes fixes elles-mêmes, ce 20ᵉ suffira et au-delà pour couvrir les sinistres qui pourraient survenir (1). La Société mutuelle immobilière

---

(1) Sans se jeter dans des illusions, sans rien exagérer, on peut dès à présent pressentir, que la Mutualité établira l'assurance presque pour rien. La bonté du principe d'Assurance mutuelle mobilière a déjà produit depuis long-temps d'excellens résultats en Amérique, et en Suisse depuis

pour les maisons à Paris n'a pas même atteint ce chiffre; car il résulte du rapport adressé le 15 juin 1836, au ministre du commerce, par M. le directeur Pépin-Lehalleur, que l'importance des sinistres survenus durant une période de 18 années a été de 899,783 f. 60 c., qui, répartis sur la masse des valeurs assurées, ont donné une moyenne proportionnelle de 4 c. 38/1000me par mille francs; ce merveilleux résultat a été encore dépassé en 1836, puisque, sur un capital assuré de 19 cents millions, il n'y a eu en tout que la faible somme de 37,000 fr. de sinistre, ce qui fait à peine 2 cent. par mille francs!

Les frais d'administration de la Société mutuelle immobilière de Paris, sont maintenant réduits à 10 centimes par mille. Il en sera de même plus tard de la Société mutuelle mobilière Parisienne.

Le fonds de garantie social était primitivement fixé dans les statuts de la Société mutuelle immobilière de Paris, à un franc pour cent francs et par chaque sinistre; en sorte que, s'il y avait eu dans une année, 10, 20 et 50 sinistres considérables, la société aurait pu exiger de chaque sociétaire 10, 20 et 50 francs par cent francs,

quelques années. Les fondateurs de la Société mutuelle mobilière en Suisse, *tous membres du gouvernement*, déclarent dans « leurs statuts » qu'en fondant une Société mutuelle mobilière, ils ont eu première- » ment en vue d'alléger les charges des habitans de la Suisse, par » une institution philantropique, et de les soustraire au Monopole » *honteux* des compagnies étrangères à prime, qui font peser sur leu » patrie un impôt spoliateur, etc. »

pour indemniser les incendiés; mais la Société n'ayant jamais eu besoin de recourir à un appel de fonds de plus de 4 centimes par mille, a réduit le fonds de garantie social à 1 fr. par mille, exigible par chaque sinistre : malgré cette réduction, il est encore plus élevé que celui de la Société Mutuelle Parisienne, qui ne peut exiger au-delà de 2 p. 100 pour contribution aux sinistres dans une année, et comme la société est mise en dissolution, lorsque les trois quarts du fonds de garantie social sont absorbés, il n'y aurait donc réellement que cette portion du fonds de garantie social d'exposée, puisque les statuts obligent la Société de liquider avant que le quatrième quart ne soit entamé. Cependant, si contre toute prévision il arrivait qu'un ou plusieurs sinistres considérables vinssent à se déclarer à la fois, et que la valeur des pertes atteignît le montant total de la garantie sociale, alors seulement le fonds social se trouverait absorbé en entier; mais ce fait est impossible.

Car depuis 16 ans, époque à laquelle remonte la création des compagnies à prime, les sinistres qu'elles ont eu à rembourser pour les mobiliers et marchandises, n'ont pas même atteint chaque année la moyenne proportionnelle de 16 centimes par mille francs. Si nous voulons remonter plus haut, nous trouvons dans d'anciens ouvrages publiés à différentes époques, et en compulsant les documens fournis par l'autorité supérieure administrative, que pendant 44 ans, les sinistres ne se sont pas élevés au-delà de la somme de

29,725,000 fr., qui repartie sur la totalité des valeurs, *immobilière et mobilières*, renfermées dans l'enceinte de Paris, durant ces 44 années, et qui s'élèvent à 205,200,850,000, donne le chiffre minime de 14 centimes 1|2 par mille francs, et cependant, durant cette période de temps, Paris a éprouvé deux révolutions, deux invasions et occupations étrangères, et des émeutes, qui ont fait retentir le canon dans ses rues, et amené les combats jusque dans les maisons.

Ainsi nous voyons, que depuis un demi siècle, la moyenne des sinistres de toute nature dans Paris, ne s'est élevée qu'à 14 centimes 1|2 par mille francs ; il faut de plus tenir compte que, pendant au moins les vingt premières années de cette période, les constructions étaient beaucoup plus pressées, et les rues plus étroites ; que ces constructions étaient plus vicieuses, plus combustibles, puisqu'elles étaient la plupart bâties en pans de bois, et qu'il y avait à peine des pompes à incendie. Aujourd'hui avec des rues plus vastes, des bornes fontaines à des distances rapprochées, des constructions généralement en pierre et moëllons, qui isolent le feu et arrêtent sa communication, avec des secours puissans que l'autorité locale, dans sa sollicitude pour la sûreté publique, accroit chaque jour ; il est indubitable, que les sinistres deviendront de moins en moins désastreux, en même temps, que leur somme totale se trouvant repartie sur une masse de valeur de plus en plus considérable , à cause des progrès du commerce et du luxe , donneront un chiffre continuellement décroissant dans la proportion des pertes aux valeurs assurées.

Une nouvelle et décisive démonstration des bienfaits inappréciables de la mutualité , résulte du compte-rendu, que publie le journal l'*Helvétie*, imprimé en Suisse, dans son numéro du 17 octobre 1837 , concernant les résultats obtenus par la société d'assurance mutuelle mobilère de ce pays ; nous en extrayons ce qui suit :

« Le Comité central de la Société mutuelle *mobilière*
» suisse vient de publier le neuvième compte général
» pour l'année close au 30 juin 1837. Cette institution
» présente les résultats les plus satisfaisans : il y a des
» assurés dans tous les cantons , sauf le Tessin ; l'ad-
» ministration est excellente. Cette année-ci le capital
» assuré s'est augmenté de 7,483,025 fr. , il est main-
» tenant de 99,230,848 fr., et le total des sinistres et
» des frais d'administration ne se sont élevés pour l'an-
» née 1836-1837 qu'à 48,397 fr. »

Ce résultat n'est-il pas admirable dans un pays, qui, comme tout le monde le sait, est tout sillonné de montagnes qui rendent les communications et les secours très difficiles ; et où les châlets et beaucoup de maisons dans les villes, sont bâties et couvertes en bois, et où, à cause du climat, on fait du feu presque toute l'année.

En résumé,

Abaissement de l'assurance mutuelle *immobilière* dans

Paris, au bout de 20 *ans*, à 12 *centimes et demi* par mille franc, pour les sinistres et frais d'administration compris.

Abaissement en Suisse de l'assurance mutuelle sur les *mobiliers, marchandises, récoltes* et *bestiaux*, au bout de *onze ans* à 48 *centimes trois quarts*, sinistres et frais d'administration compris ; malgré les dangers qui résultent de la nature des objets et de leurs positions.

Après de telles expériences, on est conduit à se demander, quelle ne sera pas dans un petit nombre d'années, la sécurité répandue dans Paris, par l'institution qui lui est aujourd'hui offerte, et qui voudra désormais, pour une dépense, qui ne peut plus être pour personne un sacrifice, encourir le reproche de se refuser une garantie sur laquelle repose la sécurité et l'intérêt des familles, et des relations de crédit.

La seconde moitié de la garantie générale ne pourra jamais être mise en recouvrement qu'après que le conseil-général extraordinairement convoqué à cet effet, aura constaté l'épuisement de la première. Le montant des trois quarts de la garantie sociale s'élève,

SAVOIR,

1re Catégorie.	Pour la 1re cl.	à 90 cent. p. 0/0	
	Id. 2e cl.	— 1 10	—
	Id. 3e cl.	— 1 50	—
2e Catégorie.	Pour la 1re cl.	— 2 25	—
	— 2e cl.	— 3	—
	— 3e cl.	— 3 80	—
3e Catégorie.	Pour la 1re cl.	— 4	—
	— 2e cl.	— 6	—
	— 3e cl.	— 7 50	—

Si la Société mutuelle immobilière de Paris avait

créé un fonds de prévoyance, ainsi que vient de le faire la Société Mobilière Parisienne, et qu'elle eût fait verser seulement par les sociétaires un franc par mille, elle aurait présentement en caisse une somme de 1,900,000 f. dont les intérêts seuls couvriraient et au-delà tous les sinistres; en sorte que la Société ne serait pas obligée de faire d'appels de fonds pour contributions aux sinistres, ce qui, par conséquent, la dispenserait de faire dresser 23,500 quittances, d'où il résulterait une diminution considérable dans les frais de bureau et subsidiairement dans ceux d'administration.

La Société Mobilière Parisienne, au moyen de son fonds de prévoyance, arrivera d'ici à un petit nombre d'années à un état aussi prospère; il dépend des habitans de Paris de hâter par leur concours cet heureux résultat.

Pour éviter, en cas d'incendie, les dégâts et fractures qu'éprouvent ordinairement, dans le sauvetage et le transport d'un lieu à un autre, les meubles et marchandises, de leur nature très fragiles et faciles à endommager, et aussi empêcher, avant l'arrivée des sapeurs-pompiers, les soustractions qui peuvent avoir lieu dans le premier moment du désordre, que provoque tout événement de ce genre, l'administration de *la Mutuelle Parisienne*, qui ne néglige aucune mesure de précaution pour garantir les intérêts des sociétaires, n'a pas trouvé de meilleur moyen de préservation que l'organisation dans chaque arrondissement de Paris d'une escouade dite de secours, qui se transportera au moindre indice de feu sur le lieu de l'incendie ; elle devra exécuter ponctuellement tous les ordres qui lui seront donnés par MM. les commissaires de police, ou toute autre autorité, et notamment par les chefs des sapeurs-pompiers, soit pour tout ce qui a rapport au déménagement, soit à raison de toute autre mesure jugée nécessaire à la conservation et à la garde des objets mobiliers et marchandises. On choisira de préférence, pour la composition de ces escouades, parmi ceux des sociétaires dont la profession est en rapport avec les travaux de bâtimens, et qui voudraient bien concourir avec l'administration à cette œuvre de salut commun. Ils porteront des marques distinctives, ils recevront des récompenses et gratifications, en raison des services qu'ils auront rendus. Ces récompenses leur seront décernées sur le rapport du délégué de la Société, par une commission composée de sociétaires choisis dans chaque arrondissement. Les membres de ces commissions recevront des médailles qui les feront reconnaître et leur permettront de pénétrer jusqu'au lieu de l'incendie, afin de pouvoir surveiller, dans l'intérêt de la Société, les effets et les résultats de l'incendie, ainsi que les travaux de sauvetage ; plus tard on pourra étendre cette distribution de médailles à ceux de MM. les sociétaires qui le désireront, afin de pouvoir prêter secours dans un cas pressant d'incendie, et dans tous les quartiers où ils se trouvent.

Avant de prendre une détermination touchant cette

utile création, l'administration a jugé rationnel de consulter un homme d'expérience et le plus consommé dans la partie ; l'honorable colonel des sapeurs-pompiers de Paris, M. Paulin, à qui on doit tant de découvertes précieuses pour la conservation de la vie des personnes chargées de la périlleuse mission de combattre le feu, et qui chaque jour rend de si éminens services à la sécurité publique ; il a bien voulu donner son approbation pleine et entière à cette création, qu'il considère comme devant être d'une grande utilité pour le sauvetage et la surveillance dans les cas d'incendies ; il a même ajouté que cela aurait *surtout* l'avantage de laisser toute liberté à ses sapeurs-pompiers pour travailler à comprimer plus promptement le feu. Si M. le préfet de Police, à qui la capitale est redevable, dans un si court délai de temps, d'améliorations notables pour l'assainissement et la conservation des propriétés dans Paris, veut donner suite au projet qu'il a conçu de créer un corps de veilleurs de nuit, il n'existera pas en Europe une capitale qui offrira, à un aussi haut degré, la sécurité des personnes et des propriétés.

DES COMPAGNIES A PRIME FIXE.

Les Compagnies à prime réunies ont à peu près trois milliards de valeurs assurées dans Paris.

Elles ont encaissé dans une période de 15 années à titre de prime, la somme de 45,000,000 fr.

Le montant des sinistres durant le même nombre d'années ne s'est élevé qu'à 5 millions de francs (1).

Les Compagnies à prime ont donc bénéficié de l'excédant, s'élevant à 40 millions de francs.

D'après les documens fournis par la préfecture de Police et par M. le colonel du corps des sapeurs-pompiers de Paris, les années 1831, 1832, 1834 et 1836, ont été surtout très favorables aux Compagnies à prime; le nombre des sinistres s'est élevé en 1836 dans Paris, y compris les feux de cheminées, à 1,567; la somme totale de l'estimation de toutes les pertes causées par ces feux, montait à 354,262 fr.; sur les 1,567 personnes incendiées, 31 seulement, chose incroyable, se trouvaient assurées : on peut aisément estimer d'après cela les énormes bénéfices recueillis par les Compagnies à prime; en effet, en prélevant sur la masse de 3 milliards assurés dans Paris par les Compagnies à prime, la prime moyenne de 1 fr. 50 cent. par mille, on obtient un chiffre de 4,500,000 fr. de recettes; en supposant même que ces

(1) On fait remarquer que les pertes provenant des sinistres des théâtres de l'Ambigu-Comique, de la Gaîté, du Cirque-Olympique, des Bazars Boufflers et des Bains-Chinois; ceux du Pot-de-Fer et du sieur Ardisson, ces deux derniers s'élevant ensemble à plus de 1,100,000 fr. font partie de la somme minime de 5,000,000 fr., montant des sinistres survenus durant quinze années. La majeure partie de ces sinistres n'aurait pas frappé la Mutuelle mobilière Parisienne puisqu'elle n'assure pas les théâtres, et qu'elle se serait bien gardée d'assurer des valeurs aussi considérables (*de leur nature très inflammables*), renfermées dans des bâtimens *construits en pans de bois*, comme ceux de la rue du Pot-de-Fer.

(36)

Compagnies eussent eu à payer le montant total des sinistres, s'élevant à 354,262 fr., elles auraient encore bénéficié dans l'année de 4,145,738 fr.; mais leur gain a été encore plus considérable, puisqu'elles n'ont eu à indemniser que 31 personnes sur 1567.

Après des résultats aussi prodigieux, il ne faut pas s'étonner qu'il se soit formé quatre nouvelles compagnies d'assurances à prime dans le courant de cette année. Il est certain que jamais matière exploitable n'a offert autant d'avantages.

Les Compagnies à prime réunies, pour un capital de 9,620,966,598 fr. de valeurs assurées, n'offrent, pour faire face aux incendies même à l'étranger, que la faible garantie de 28,000,000 fr. dont portion seulement a été versée dans les caisses sociales. Leurs actes de société ont prévu le cas, où la moitié du capital social serait absorbé, et dès ce jour, la dissolution des sociétés est prononcée; ainsi les assurés, après avoir payé pendant 20 ans des primes considérables, se verraient privés la vingt-unième année de leur indemnité, s'il survenait à cette époque de grands sinistres qui absorberaient leur capital, tandis que, si une pareille catastrophe arrivait à la Société Mutuelle Parisienne, au moins, les avantages de vingt années resteraient dans la poche des Sociétaires, pendant qu'ils restent dans celle des actionnaires des Compagnies à prime fixe.

Au lieu de la garantie minime de 28,000,000 francs offerte par les quatre compagnies à prime réunies, la Société Mutuelle mobilière Parisienne pour le même capital assuré de 9,620,966,598 fr., présenterait à raison de 2 pour 100 une garantie moyenne de 424,246,724 fr., dont une faible partie suffirait et au-delà pour couvrir le montant des sinistres de presque tout un quartier de Paris (1).

Quelque chose que fasse les compagnies à prime, elles ne pourront jamais abaisser leurs prix au niveau de ce qu'il en coutera à la Société Mutuelle Parisienne; en effet, le chiffre élevé de leurs frais d'administration, les intérêts, les dividendes qu'ils sont obligés de servir à leurs actionnaires, s'y opposeront toujours ; on va même plus loin, et en supposant que les actionnaires consentissent à ne prélever aucun intérêt de leurs capitaux, cet état de choses ne pourrait durer que peu de temps, et finirait par occasionner la dissolution de ces compagnies; tandis que la Société Mutuelle n'en prospérerait pas moins, puisque n'ayant ni intérêt d'actions, ni bénéfices à répartir à personne, la masse des valeurs assurées s'accroîtrait en raison de l'abaissement progressif du prix.

---

(1) Paris a tout lieu d'être rassuré, ainsi qu'on l'a observé plus haut, sur la possibilité d'une pareille catastrophe, puisqu'il a subi depuis 1789 deux révolutions , des émeutes qui ont fait retentir le canon dans ses rues, et deux invasions de l'Europe armée sans qu'il en soit résulté le moindre dommage de la nature de celui qui est l'objet de l'Assurance Mutuelle Parisienne. Le capital apprécié ici en moyenne à 2 p. 0|0 sera donc toujours purement nominal, et c'est dans cette conviction qu'il n'en est prélevé que le 20e en délivrant la police.

DE LA CONCURRENCE EN MATIÈRE D'ASSURANCE MUTUELLE.

Cette importante question, est une de celles qui réclament le plus vivement la sollicitude des hommes d'état et des législateurs ; elle appelle de leur part une protection efficace, puisqu'il s'agit dans l'espèce, d'une institution toute d'utilité générale créée uniquement dans l'intérêt des masses, et qui de sa nature ne se prête aucunement à l'agiotage et par conséquent ne souffre pas de concurrence.

En permettant la concurrence, et cela au préjudice de la population, ce serait sacrifier les intérêts généraux aux projets avides des compagnies rivales, qui n'ont en vue que la ruine de la Société naissante.

Les efforts réunis des gens intéressés à faire repousser le principe de la mutualité applicable aux meubles et marchandises ayant échoué devant le conseil-d'état, malgré les moyens peu honorables dont ils se sont servis pour tromper la religion des hauts fonctionnaires appelés à juger la question ; ils cherchent maintenant, en désespoir de cause, à induire le public en erreur, en feignant de croire à la possibilité d'une concurrence qui ne peut exister, et cela dans l'espoir d'entraver les progrès de la Société mutuelle Parisienne, autorisée et approuvée par ordonnance royale du 6 septembre dernier.

Tout absurde que soit le bruit qu'ils font courir à ce sujet, on va cependant, dans l'intérêt du principe de la mutualité, présenter quelques considérations qui dérivent de la nature même de l'institution.

Personne n'ignore que, depuis dix-neuf ans, le conseil-d'état a constamment repoussé les demandes tendantes à appliquer le système de la mutualité aux risques des mobiliers et marchandises ; que ce n'est qu'avec une grande circonspection, et après des discussions prolongées, qu'il a admis ce principe (1). Il l'a fait dans l'intérêt des masses et non dans l'intérêt de quelques individus ; il doit donc, en sa qualité de protecteur-né des intérêts généraux, se garder de compromettre par la concurrence l'avenir d'une institution philantropique qui n'est encore qu'à son début ; s'il en était autrement, les compagnies rivales, qui ne sont jamais restées étrangères aux attaques dirigées contre la Société mutuelle Parisienne, s'empareraient avec empressement de ce moyen facile de combattre une Société qui doit leur porter un si grand préjudice.

La jurisprudence du conseil-d'état, qu'on peut à juste titre qualifier d'une haute pensée administrative, est déjà fixée depuis long-temps sur les inconvéniens fâcheux qu'il y aurait pour la population, si on permettait la création de deux Sociétés mutuelles rivales dans une même ville ; voilà pourquoi il a refusé plusieurs fois de pareilles autorisations, et notamment à une Société

(1) C'est la persévérance des fondateurs de la Société Mutuelle Parisienne, et les écrits qu'ils ont publiés depuis deux ans, qui ont rendu évidens, aux yeux du Conseil-d'État, les bienfaits et la fécondité du principe de la mutualité applicable aux mobiliers et marchandises.

mutuelle, qui sollicitait la permission d'assurer les maisons dans Paris, concurremment avec la Société mutuelle immobilière, ayant présentement pour directeur M. Pepin-Lehalleur, administrateur si éclairé et si généralement estimé. On comprend pourquoi le conseil d'état a refusé son autorisation. La rivalité, lorsqu'il s'agit des compagnies à primes fixes, est la vie de ce système, qu'elle purge de ses abus, et perfectionne en détail; par elle, le cours s'abaisse, le système se simplifie, et ces améliorations tournent au profit du public. Il n'en est pas de même lorsqu'il s'agit des Sociétés mutuelles pour qui la concurrence est mortelle; car ces dernières ne peuvent offrir de grands avantages que par l'accroissement indéfini des valeurs assurées, qui leur permet une diminution considérable dans les frais d'administration et dans la répartition du montant des sinistres, ainsi que nous en avons présenté un exemple plus haut, touchant la Société mutuelle immobilière de Paris, qui n'a perçu en 1836, de ses sociétaires, que la modique somme de *douze centimes* par mille francs pour couvrir tous les frais, c'est-à-dire les frais d'administration et le paiement des sinistres.

Si au contraire, il avait existé dans Paris deux Sociétés rivales, il aurait fallu payer deux administration au lieu d'une, et les prix auraient été doublés et triplés (1).

(1) Les événemens fâcheux arrivés aux deux Entrepôts des denrées coloniales à Paris, à cause des frais considérables d'administration et autres qu'ils ont été obligés de supporter, sont une leçon qui ne sera

Les cantons suisses ont pleinement adopté la jurisprudence du conseil - d'état français pour repousser la concurrence en matière de Société mutuelle ; ils n'ont autorisé qu'une seule Société mutuelle mobilière, qui assure dans toute la Suisse. Les succès ont dépassé toutes les espérances. Les adversaires pour colorer et motiver la création de plusieurs Sociétés mutuelles rivales dans la même ville, ont avancé que la valeur des objets mobiliers et marchandises à Paris, s'élevait à plus de huit milliards (ce qui soit dit en passant n'est aucunement justifié), mais qu'importe ; de là, ils tirent la conséquence qu'il y a suffisamment de valeurs mobilières pour permettre deux et même quatre Sociétés mutuelles rivales à Paris ; que cela est indifférent aux intérêts des masses, comme si les frais de quatre administrations ne s'élèveraient pas au dessus d'une seule, et comme si la lutte qui viendrait à s'engager entre les quatre Sociétés rivales, dès le début d'une institution nouvelle n'élèverait pas un conflit qui aurait des conséquences fâcheuses pour les intérêts des habitans de Paris. En vérité, de telles pensées sont sans

pas perdue. Le gouvernement a cru devoir céder aux demandes de deux arrondissemens, qui n'avaient en vue que les intérêts de la localité, et a autorisé la création de deux entrepôts ; il en est résulté des pertes considérables, qui ont nécessité la fermeture de l'un de ces établissemens, tandis que s'ils n'y avait eu qu'un seul entrepôt, il aurait prospéré, et le commerce s'en trouverait beaucoup mieux aujourd'hui, d'où l'on doit conclure que la concurrence est destructive des établissemens fondés dans l'intérêt général.

nom ! Ils donnent aussi pour motif qu'une seule Société ne pourrait pas suffire à tous les détails de surveillance qu'entraînent après elles une si grande quantité d'assurances mobilières dans la ville de Paris.

Ils ont cependant sous les yeux l'administration de la Société immobilière qui est un modèle d'exactitude et de surveillance et dont la comptabilité est merveilleusement tenue et ne laisse rien à désirer ; il en est de même de la Société mutuelle mobilière de la Suisse, qui embrasse tout le pays et qui n'en satisfait pas moins à tous les vœux des habitans. Cette Société, ainsi qu'on vient de le dire plus haut, est en grande prospérité. Enfin on pourrait encore citer les compagnies à prime qui assurent non seulement Paris et la France, mais encore à l'étranger.

Là ne s'arrêtent pas les graves inconvéniens qu'entraînerait après elle la concurrence ; nous supposons un instant que l'autorité, mal renseignée, pût accorder à une Société l'autorisation nécessaire, et nous admettons que les compagnies rivales soient étrangères à la formation de cette compagnie ; mais qui les empêchera plus tard, lorsque la concurrence deviendra libre, de fonder plusieurs Sociétés semblables, afin de hâter plutôt la ruine de la Société existante, et leur but serait atteint ; elles feraient dans cette circonstance les mêmes sacrifices qu'ont faits dans un autre genre les grandes Messageries.

Ces réflexions sont tellement logiques, qu'elles

doivent frapper les esprits les plus prévenus en faveur de la concurrence, et qui désireraient l'introduire dans une institution qui n'en souffre pas.

Les adversaires de la Société mutuelle Parisienne, qui ont travesti à dessein la plupart des articles de ses statuts, font des assertions erronées, que le public appréciera à leur juste valeur; ils ont été bien maladroits, et bien mal inspirés, lorsqu'ils ont reproché à cette Société de n'avoir demandé aux assurés que 2 p. 0|0 de fonds de garantie social, tandis que selon eux, il aurait fallu exiger de la part de tous les sociétaires, qu'ils engageassent à la garantie des sinistres, la *totalité* de ce qu'ils possèdent en meubles et marchandises.

On se demande quelle serait la personne assez hardie (malgré qu'il ait été démontré plus haut par des calculs et des chiffres, qui sont extraits des états fournis par l'autorité compétente et par le colonel des sapeurs-pompiers de Paris, que jamais durant une période de 16 ans, la moyenne proportionnelle des sinistres mobiliers n'a pas même à beaucoup près atteint 16 centimes par mille francs); cependant, on le répète, quel est celui qui voudrait engager à la garantie des sinistres tout ce qu'il possède; la chose n'est pas probable, elle seule suffirait pour empêcher la création d'une Société rivale, si la chose pouvait être prise au sérieux.

Ils ont aussi fortement critiqué l'article 17 des statuts, qui oblige chaque sociétaire à verser le 20ᵉ du fonds de garantie générale pour former un fonds de prévoyance. Ils prétendent que cette mesure conservatrice des intérêts de la Société, n'est qu'une opération déguisée, qui métamorphose la Société mutuelle en compagnie à prime. Ils voudraient que ce fût la direction, qui de ses propres deniers constituât un fonds de prévoyance pour faire face aux sinistres, et aux éventualités provenant des non-valeurs : entendent-ils, par là, assumer sur eux le montant de ces éventualités ? non sans doute, ils font seulement une avance à la Société, qui en définitive est obligée d'en faire le remboursement avec intérêt, et de supporter ces pertes au marc le franc. Est-ce là une mesure qu'ils puissént faire considérer comme étant avantageuse à la Société, et qui démontre leur habileté en administration. En vérité on ne peut s'empêcher de répondre quelques paroles sévères à des gens qui se fourvoient de la sorte. En effet, si les adversaires avaient étudié un peu le système de la mutualité applicable aux meubles et marchandises, ils se seraient aperçus, que le seul obstacle puissant, qui aurait pu empêcher le conseil-d'état d'adopter le principe, était la nature fugitive des meubles et marchandises, qui exposait la Société à des pertes nombreuses, résultant du non-paiement de la cotisation des sinistres, soit pour cause de déménagement furtif, soit pour cause de faillite, et qui évidemment retomberaient à la charge des sociétaires.

Il a donc fallu se mettre à l'abri de ces non-valeurs en créant un fonds de prévoyance, qui en définitif n'est qu'un dépôt rapportant intérêt, dont le montant est rendu au sociétaire à la fin de son assurance (1).

Les adversaires de la Mutuelle Parisienne ont été grandement illusionnés, lorsqu'ils ont espéré arrêter les progrès de cette Société, en faisant répandre dans le public le bruit qu'on pourrait réduire dès à présent les prix d'assurances à 25 centimes par mille pour frais d'administration. En présentant cet appât aux habitans de Paris, ils ont sans doute espéré que ceux-ci auraient foi et confiance dans leurs promesses, sans s'enquérir si, *indépendamment* de ce paiement *de 25 centimes*, ils ne seraient pas obligés de supporter en outre une foule de frais accessoires ; frais *que la Société mutuelle Parisienne a mis à la charge de son directeur. On signalera à la fin de ce chapitre ces dépenses qui dépassent le chiffre de 25 centimes, et qui le porterait inévitablement à 58 centimes par mille francs.*

L'administration de la Société mutuelle Parisienne,

---

(1) Si on avait prévu une semblable mesure dans l'intérêt de la Société Mutuelle Immobilière des 4 départemens, dits de l'est, dont le siége principal était Nancy, et qui avait pour Directeur M. Prugneaux, depuis nommé à la place d'Inspecteur de la Compagnie à prime fixe l'*Union*, elle existerait sans doute encore malgré les reproches, qu'on a adressés à tort ou à raison à son administration. Cette Société n'a été fondée qu'en 1821 ; à cette époque, il existait déjà en France 18 Sociétés Mutuelles Immobilières. Le nombre de ces Sociétés serait porté aujourd'hui à 34, s'il n'y en avait pas eu deux, qui ont été obligées de se mettre en liquidation ; celle de Nancy est une des deux. Toutes les autres Sociétés sont en grande prospérité.

n'ayant aucune raison de cacher la vérité aux habitans de Paris, va s'expliquer sans détour sur l'emploi des sommes qui lui sont allouées pour couvrir les frais de toute espèce laissés à la charge de la direction. Il sera démontré que les déboursés, auxquels sera tenu le directeur pendant les premières années d'exercice, s'élèveront à des sommes considérables, dans lesquelles il ne pourra rentrer qu'à la longue, et vraisemblablement durant le cours des dernières années du forfait.

Pour qu'on saisisse bien la position dans laquelle se trouve l'administration de la Société mobilière Parisienne, au milieu des mille obstacles qu'on lui suscite, et qu'elle ne peut surmonter qu'au moyen de grands sacrifices pécuniaires, seul moyen qu'elle ait pour arriver à un nombre de sociétaires suffisant pour couvrir ses dépenses, elle va comparer sa situation actuelle à celle de la Société mutuelle immobilière, à l'époque de sa création.

Personne n'ignore que, lors de la constitution de la Société mutuelle immobilière en 1816 dans Paris, il n'existait pas encore de compagnies à primes; par conséquent pas de rivalité à redouter, ni de lutte à engager; au contraire, tout était alors facile pour l'établissement d'une institution qu'appelait de ses vœux une grande partie de la population parisienne. Eh bien! qu'est-il arrivé? C'est que, malgré cette position favorable et l'avantage du prix élevé de cotisation annuelle pour cette nature d'assurance, enfin celui de n'avoir pas d'assurance au-dessous d'une moyenne proportionnelle de 90,476 fr., ce qui offre une grande économie dans les frais de comptabilité, le directeur fut cependant obligé de dépenser la majeure partie de sa fortune, qui s'élevait à plus de 400,000 fr., avant d'avoir pu obtenir des résultats tant soit peu avantageux. Un des fondateurs de la Mutuelle Parisienne, qui faisait alors partie du conseil d'administration de la Société mutuelle immobilière, qui a suivi tous les détails de cette affaire, et qui a eu sous les yeux les livres de recettes et de dépenses de la direction, certifie la vérité de ces faits.

Si donc la Société mutuelle immobilière, placée dans des conditions bien autrement favorables que celles de la Mutuelle mobilière, a nécessité de si grands sacrifices, qui ont amené plus tard les avantages immenses dont jouissent les habitans de Paris, à combien ne s'élèveront pas les sacrifices auxquels sera tenu le directeur de la Parisienne, pour réussir dans la mission honorable dont il s'est chargé.

En effet, la Société mutuelle pour les objets mobiliers étant destinée à étendre le bienfait de son système de garantie jusqu'au mobilier de 2,000 fr., ses opérations rouleront pour la plus grande partie sur des valeurs beaucoup plus faibles que celles des immeubles ; et, en portant le chiffre de la moyenne proportionnelle des objets mobiliers assurés à 15,000 fr., il n'atteindrait encore que le sixième de la valeur de la moyenne proportionnelle des valeurs partielles de la Mutuelle immobilière. Cela posé, n'est-il pas vrai que les délégués de la Mutuelle mobilière Parisienne seront obligés à plus de courses et de démarches; qu'ils devront dresser six procès-verbaux au lieu d'un, qu'ils emploieront beaucoup de temps pour la rédaction, tandis que l'agent de la Société mutuelle immobilière en est quitte pour une évaluation en bloc, sans division d'étage, ni d'appartement : son travail est facile et prompt, et n'exige que peu de temps et d'écriture. La différence est la même, lorsqu'il faudra passer les écritures au moment de l'assurance dans les bureaux de l'administration, et plus tard pour les cotisations aux sinistres. Mais continuons ; car ceci n'est encore qu'une des charges, la moins lourde que supporte le directeur, comparativement aux obstacles de toute nature qui lui ont été suscités depuis deux ans, et qui ont nécessité pour les surmonter des sacrifices pécuniaires considérables ; sacrifices qu'il sera obligé de continuer encore long-temps pour combattre et déjouer les manœuvres de cette légion d'agens des compagnies à primes, dont le nombre n'est pas évalué à moins de mille à douze cents sur le pavé de Paris. Ces agens, qui exploitent la cité pour leur compte, sont journellement occupés à courir à l'assurance ; ils sont personnellement intéressés à étouffer dès sa naissance la Société mutuelle mobilière Parisienne.]

Il n'y a sortes de bruits défavorables et injurieux qu'ils n'aient propagés pour paralyser les démarches des délégués de la Mutuelle mobilière, dont le nombre ne s'élève qu'à douze, et jeter le découragement dans l'esprit des partisans de la mutualité. Tantôt, selon eux, les bureaux du ministère avaient, sur l'étiquette du sac, fait un rapport foudroyant contre la Société naissante ; tantôt, le préfet de Police considérait la création de la Société comme dangereuse pour Paris ; une autre fois, que le comité de l'intérieur du conseil-d'état était unanime pour repousser le principe de la mutualité applicable aux mobiliers ; et, plus tard, que le conseil-d'état avait adopté cet avis ; une autre fois, que le roi ne signerait pas l'ordonnance d'autorisation ; enfin, que la Société ne pourrait pas se constituer, faute d'un capital suffisant d'objets assurés ; que les maires de Paris ne faisaient pas partie des premiers fondateurs. Quelques-uns poussèrent l'acharnement jusqu'à annoncer à l'avance la création d'une Société rivale mobilière, qui, selon eux, devait assurer à meilleur marché que la Société mutuelle Parisienne.

Ce feu roulant d'attaques contre la Société mutuelle Parisienne, répété chaque jour sur tous les tons, par douze cents bouches ennemies, ne pouvait manquer de produire quelque effet sur les partisans de la mutualité, persuadés qu'ils étaient, que la Société ne pourrait jamais surmonter les difficultés qui surgis-

saient de toutes parts et qui l'empêcheraient de se constituer. Les compagnies à primes, profitant de cette
panique, autorisèrent leurs agens à faire des assurances
à tout prix et pour les termes les plus longs, comme
dix à quinze ans; elles s'en trouvèrent bien, puisque,
grace aux sollicitations importunes de leurs émissaires,
elles ont obtenu de nombreux renouvellemens; c'est-à-
dire que, depuis deux ans, ces Compagnies ont exploité
et provoqué cette recrudescendance d'assurance dans
Paris; tandis que les fondateurs de la Société mutuelle
Parisienne étaient occupés à faire consacrer le principe
de la mutualité applicable aux mobiliers et marchandises. Voilà pourquoi les délégués de cette Société,
tous gens honorables et bien connus, ont éprouvé, dès
leur début dans la carrière, tant de peines et de fatigues
pour réaliser des assurances; heureusement, qu'ils ont
fait tête à l'orage, et que leur zèle et leur dévouement
au système de la mutualité n'ont point failli et ont
triomphé de tous les obstacles.

L'administration de la Mutuelle Parisienne, témoin
des efforts et peine, que se donnaient Messieurs les délégués pour lutter contre les agens des compagnies rivales, a dû par un esprit de justice, que tout le monde
approuvera et dans l'intérêt de la Société, accorder un
encouragement à Messieurs les délégués.

Messieurs les délégués reçoivent de la direction par
chaque mille francs d'objets assurés 35 centimes pour la
première année, et 15 centimes pour les années suivantes,

et pendant tout le cours de l'engagement. Ainsi, en sup-posant, que le directeur perçoive une moyenne com-mune par mille francs de 45 centimes, il est obligé la première année d'en remettre 35 au délégué, il ne lui restera par conséquent, que 10 centimes, et les années suivantes, que 30 pour subvenir à tous les frais d'ad-ministration. Là ne s'arrêteront pas les déboursés du di-recteur vis-à-vis de Messieurs les délégués, qui rece-vront encore des gratifications lorsqu'ils auront atteint un chiffre déterminé d'assurances.

Nous allons passer maintenant aux dépenses, c'est-à-dire à celles qui ont rapport aux traitemens des employés de l'administration, aux loyers de l'appartement occupé par la Société et les bureaux, aux réparations locatives, entretien du mobilier, chauffage, éclairage, patentes et contributions, publications ordinaires et extraordi-naires, affiches; il faut encore ajouter les appointe-mens du directeur-adjoint, du secrétaire du conseil d'administration, du caissier, attendu que le directeur n'a point la prétention de remplir ces différens emplois; il reconnaît franchement, sur ce point, son insuffisance. En additionnant toutes ces dépenses, on peut hardiment déclarer qu'elles s'élèveront à plus de 70,000 f. par an.

Maintenant voyons quelles pourront être les recettes encaissées par le directeur pour faire face à toutes ces dépenses, en supposant que la première année le mon-tant des valeurs assurées s'élève à 50 millions, il ne touchera à raison de 45 centimes par mille, que 22,500 f., sur quoi il faut défalquer la prime accordée aux délégués, en sorte que ce qui restera de cette somme sera bien loin de le couvrir de ses avances : il doit s'attendre à subir pendant plusieurs années des pertes, qui diminueront au fur et à mesure que le chiffre des objets assurés augmentera et qui finiront par le faire rentrer dans ses dépenses, et lui donner des bénéfices ; sans cette espérance quel serait l'homme raisonnable qui voudrait exposer ainsi une partie notable de sa fortune et dépenser tout son temps, à moins que ce ne soient des gens aventureux, qui ne doutent de rien, et qui sont toujours empressés d'exploiter les entreprises les plus utiles, laborieusement, consciencieusement et dispendieusement conçues par les premiers auteurs, en faisant des offres de rabais, sauf ensuite à battre en retraite, lorsque l'événement ne répond pas à leur espérance ; il ne peut pas en être ainsi dans une institution qui intéresse à un si haut degré les intérêts de la population parisienne, et qui a pour premiers fondateurs les maires de Paris, et grand nombre de notabilités dans le commerce, la magistrature et le barreau. On a senti que le premier besoin d'une société naissante était de commander la confiance publique, et sous ce rapport le choix des administrateurs, du directeur et des agens, était d'une grande importance.

Le caractère personnel du directeur influera surtout puissamment sur l'avenir de la Société, et on a la preuve de tout ce que peut gagner un établissement à mettre à sa tête un homme recommandable, par les succès qu'ont obtenus les compagnies d'assurances Mutuelles immobilières de Paris, de la Seine (Paris excepté), et de Seine-et-Oise, depuis qu'elles ont pour directeurs MM. Pepin-Lehalleur et Angard. La fortune, le rang élevé et le crédit dont jouit le directeur de la Mutuelle Parisienne, le mettent en position d'achever, à la satisfaction des habitans de Paris, la lourde tâche dont il s'est chargé. Il tient à honneur de remplir ses devoirs consciensement, à ne pas se rebuter au travail, ni à reculer devant les obstacles qui lui seront suscités ; jamais on ne l'entendra se plaindre, ou faire des demandes au conseil-général à raison des sommes qu'il aura pu débourser, ni provoquer la dissolution de la Société, *pour avoir le plaisir* de céder les nombreux sociétaires Mutualistes à quelque compagnie à prime, ainsi que cela a déjà eu lieu, il y a quelque temps, pour une société mutuelle.

On a promis d'indiquer, à la fin de ce chapitre, cette foule de frais accessoires que les adversaires de la Société Mutuelle Parisienne voudraient laisser à la charge des sociétaires, indépendamment des 25 centimes qu'ils réclament ; tels sont les indemnités accordées aux agens chargés de recueillir les assurances, les frais d'expertises, pose de plaques, la distribution de jetons d'une valeur de 5 francs aux membres du conseil d'administration ; les frais de patente, les réparations locatives, les frais d'insertion et d'annonces dans les journaux, l'entretien du mobilier des bureaux ; enfin , selon les adversaires, le directeur devrait être à la fois, directeur-adjoint, secrétaire du conseil d'administration et caissier. C'est ce qui s'appelle procéder économiquement et adroitement, mais non logiquement, car le lecteur le moins habitué à se rendre compte des avantages qu'on lui présente, reconnaîtra facilement, qu'au lieu de n'avoir à payer que 45 cent. et même que 40, s'il s'assure pour 9 ans, ainsi que le porte le tarif de la Société Mutuelle Parisienne, aura à débourser avec les adversaires de cette Société plus de 58 centimes par mille; voilà cependant quels sont les résultats de leurs promesses. D'après les adversaires la cotisation des 25 centimes n'éprouvera pas de diminution, lors même qu'un sociétaire s'assurera pour 6 ou 9 années, comme cela a lieu dans la Mutuelle Parisienne, c'est encore un avantage enlevé aux sociétaires.

La prétention de vouloir être à la fois directeur, caissier et secrétaire, pourra paraître singulière à toutes les personnes qui ont quelques connaissances des affaires ; car en effet, lorsqu'il s'agira en conseil d'administration de scruter la conduite et les actes du directeur, il sera présent à la discussion et tiendra la plume en qualité de secrétaire ; il nuira par sa présence à la liberté des votes ; enfin , s'il existait des malversations dans les recettes et les paiemens, quels seraient les moyens de contrôle!

Il est difficile de croire, après cet examen des promesses faites par les adversaires, qu'ils aient voulu présenter au public une affaire sérieuse : dès lors les intérêts dans lesquels ils agissent sont mis à découvert, et le but devient évident.

La Société d'Assurance Mutuelle Parisienne pour les mobiliers et marchandises ne doute donc point que cette tentative pour retarder ses progrès, sous quelque forme que l'on vienne encore la déguiser, n'aura pas l'effet que s'en promettent des intérêts jaloux, et dont l'avidité a eu depuis long-temps tout sujet d'être satisfaite, à moins qu'elle ne soit insatiable.

Des bruits injurieux ayant été répandus à dessein touchant les fondateurs de la Société Mutuelle Parisienne, on a placé, à la fin du résumé, les deux lettres écrites par MM. les Fondateurs au Ministre du commerce et au Préfet de police; c'est la seule réponse qu'on puisse faire à de semblables mensonges.

On a fait également imprimer et insérer à la suite, deux tableaux (pages 71 et 72) contenant les sinistres survenus pendant un grand nombre d'années, aux deux Sociétés Mutuelles Immobilières de Paris, Seine-et-Oise, et de la Seine (Paris excepté). Ces états ont été transmis au ministère du Commerce, par MM. les Directeurs Pepin-Lehalleur, et Angard : chacun pourra vérifier l'exactitude des calculs, concernant la moyenne proportionnelle des sinistres qui s'est élevée pour la première de ces Sociétés pendant dix-huit années à 4 centimes 38/100 par mille francs et par année, et pour l'année 1836 à 2 cent. 1/1000 seulement, et pour la seconde Société à 9 cent. 1/16 pour la même somme de mille francs et pendant 16 années.

Au moment où ce Manuel est sous presse, un article vient de paraître dans le *Constitutionnel* du 25 octobre ; la force du raisonnement qu'il renferme nous fait un devoir de l'insérer à la fin de ce travail.

Lettre à M. le ministre du Commerce et des Travaux publics.

MONSIEUR LE MINISTRE,

La mutualité de l'assurance contre l'incendie a produit déjà d'heureux résultats qui prouvent à un haut degré l'utilité de son application à Paris. Une lacune reste à remplir : jusqu'ici la mutualité n'a point été appliquée aux mobiliers et marchandises, qui en réclament pourtant le bienfait comme un complément nécessaire à la garantie de la propriété.

Les soussignés, voulant remplir cette lacune, *vont fonder* une Compagnie d'Assurance mutuelle contre l'incendie pour les meubles et les marchandises, dans les murs de Paris.

Ils ont l'honneur de placer sous vos yeux les statuts du projet de cette institution toute philantropique.

C'est une spécialité d'assurance nouvelle, mais basée sur un principe dont l'emploi avantageux est depuis long-temps suffisamment éprouvé par la garantie des bâtimens.

Cette institution présentait quelques difficultés par la nature fugitive des objets appelés à l'assurance : ces difficultés ont été vaincues en rendant fixe et invariable la portion contributive à laquelle les éventualités de si-nistres peuvent assujétir les sociétaires. Le principe de la mutualité a donc été conservé dans son intégrité.

La population qui est appelée à jouir, par cette créa-tion, d'un degré de sécurité inconnu jusqu'à présent pour elle, comprendra que les bases de cette sécurité s'élargiront en même temps que la cotisation de chacun s'allégera par le plus grand nombre de sociétaires. Elle sentira que la meilleure garantie est celle que l'on trouve dans le principe qui réunit les hommes pour se secourir mutuellement. C'est pour l'ordre, la moralité publique, un lien de plus qui resserre les intérêts d'une même et grande famille.

Les soussignés ont la confiance, Monsieur le Minis-tre, que cette Société anonyme recevra de vous l'appui qu'elle mérite, et que vous daignerez leur faire obtenir l'autorisation nécessaire pour la fonder. Ils transmet-tent en conséquence le projet d'acte de société qu'ils ont fait rédiger, en vous priant de vouloir bien leur faire connaître, avant la réalisation de cet acte devant notaires, les observations que vous jugerez convenables.

Les soussignés ont déposé ce jour même, pour se conformer au vœu de l'instruction du 31 décembre

(58)

1807, une copie des mêmes statuts, avec une demande d'examen, entre les mains de M. le Préfet de Police.

Les soussignés ont l'honneur d'être, ect.

Le baron HIMBERT DE FLÉGNY ; le baron J. ROUSSEAU, pair de France, maire du 3e arrondissement, doyen des maires ; comte DEFERMON, député ; A. LEFORT, maire du 1er arrondissement ; MOREAU, maire du 7e arrondissement ; LEBOBE, juge au tribunal de commerce ; CAMBACÉRÉS, pair de France, membre du conseil général de la Seine ; DEMONTS, maire du 11e arrondissement, député ; MARTIGNY DES ROCHES ; ANDRYANE DE LA CHAPELLE ; PANIS, député ; D'HUBERT, maire du 5e arrondissement ; BESSAS-LAMÉGIE, maire du 10e arrondissement ; TARBÉ DES SABLONS, avocat-général à la cour de cassation ; E. GOT, maire du 8e arrondissement ; DEFERMON, ancien député ; LOQUET, maire du 9e arrondissement, député ; BERGER, maire du 2e arrondissement, député : A. DE LANNEAU, maire du 12e arrondissement ; COTELLE, maire du 6e arrondissement ; LEGROS, maire du 4e arrondissement ; P. DE LAROCHEFOUCAULD ; MANOURY-BEAUPRÉ, marchand de toiles et nouveautés, magasin du Petit-Saint-Thomas ; A. E. SAY, juge au tribunal de commerce ; Ch. HOUDAILLE, marchand de bois ; TÊTU, marchand de bois, chef du 1er bataillon de la 10e légion ; M. FRESNEL, propriétaire, architecte, ancien membre du conseil royal des prisons ; BERRYER fils, député ; LEMERCIER, député, colonel de la 10e légion ; duc DE FITZ-JAMES, député ; MÉTIVIER DE VALS, duc de Liancourt ; LAVOCAT, député, directeur des Gobelins, et membre du conseil-général de la Seine.

POUR COPIE CONFORME, *Le Conseiller d'État, Directeur,*

Signé VINCENT.

A MONSIEUR LE PRÉFET DE POLICE.

Monsieur le Préfet,

Les soussignés ont le dessein de former une Compagnie d'Assurance mutuelle contre l'incendie pour les meubles et les marchandises dans Paris.

Ils ont fait rédiger les statuts de cette Compagnie, et ils ont l'honneur de vous en soumettre le projet.

Cette association se recommande par son but tout philantropique, qui est d'appliquer aux meubles les principes de la mutualité, dont les heureuses conséquences ont pu être appréciées depuis long-temps pour les bâtimens.

Les soussignés croient avoir réussi, autant que cela était possible, à surmonter, dans le projet qui vous est soumis, les difficultés que présentait leur association, par l'instabilité des objets appelés à l'assurance.

Ils ont la confiance, Monsieur le Préfet, que vous leur prêterez votre appui auprès de l'autorité supérieure pour obtenir l'autorisation nécessaire à leur institution; et, en attendant le résultat de votre enquête, ils ont l'honneur de vous informer qu'ils ont déposé ce jour même, entre les mains de M. le ministre du Commerce, une copie dudit projet pour accélerer le travail des bureaux, et permettre à la Société de se constituer le plus promptement possible.

Les soussignés espèrent que votre sollicitude éclairée pour les intérêts dont vous êtes le protecteur, vous fera accueillir favorablement une association dont l'utilité ne leur paraît pas pouvoir être contestée.

Ils ont l'honneur d'être, etc.

MM. LEFORT, maire du 1er arrondissement ; BERGER, maire du 2e arrondissement ; J. ROUSSEAU, maire du 3e arrondissement ; LEGROS, maire du 4e arrondissement ; D'HUBERT, maire du 5e arrondissement ; COTELLE, maire du 6e arrondisment ; MOREAU, maire du 7e arrondissement ; E. GOT, maire du 8e arrondissement ; LOCQUET, maire du 9e arrondissement ; BESSAS-LAMÉGIE, maire du 10e arrondissement ; DEMONTS, maire du 11e arrondissement ; DE LANNEAU, maire du 12e arrondissement ; CAMBACÉRÈS, pair de France, membre du conseil général du département de la Seine ; comte DE LA-ROCHEFOUCAULD ; duc DE FITZ-JAMES, député ; LEMER-CIER, colonel de le 10e légion, député ; BERRYER fils, député ; comte DEFERMON, député ; MARTIGNY-DESROCHES, ancien inspecteur-général des forêts du duc d'Orléans, ancien sous-préfet de Senlis ; LEBOBE, juge au tribunal de commerce ; SAY, juge au tribunal de commerce ; MANOURY-BEAU-PRÉ, propriétaire du magasin de nouveautés du Petit-Saint-Thomas, rue du Bac ; TÊTU, marchand de bois, chef de bataillon, 10e légion ; CH. HOUDAILLE, marchand de bois ; FRESNEL, propriétaire, architecte, ancien membre du conseil royal des prisons ; ANDRYANE DE LA CHAPELLE, propriétaire ; duc DE LIANCOURT ; LAVOCAT, député, directeur-général de la manufacture royale des Gobelins, et membre du conseil général de la Seine ; TARBÉ DES SA-BLONS, avocat-général à la Cour de cassation.

POUR COPIE CONFORME :

Le Secrétaire-général,

Signé **MALLEVAL.**

EXTRAIT DU CONSTITUTIONNEL

du 25 octobre 1837.

MUTUALITÉ.

« Qu'on ne croie pas que les propagateurs de la *mutualité appliquée à la garantie du mobilier et des marchandises dans les murs de Paris*, aient trouvé les moindres facilités pour réaliser leur idée pratique et noble ; ils n'ont rencontré, au contraire, qu'une suite d'obtacles ; plusieurs eussent été insurmontables pour des personnes qui auraient été moins convaincues de l'immense utilité de l'institution qu'ils proposaient.

» Il leur a fallu reconnaître d'abord que la législation, ou plutôt les arrêtés ministériels s'opposaient à l'admission du principe dans cette spécialité ; mais, ayant insisté, il leur fut opposé, comme faisant loi, divers axiômes administratifs qui leur étaient contraires, et il s'en trouvait un qui était tiré d'un *Traité de législation commerciale*, écrit du reste par un homme de mérite ; mais qui, travaillant sous l'empire d'anciennes préoccupations, avait imprimé : « *Que la nature fugitive des valeurs mobilières et des marchandises, etc., ne permettrait pas de les garantir par la mutualité.* » Les fondateurs eurent encore à lutter contre une *circulaire minis-*

térielle du 25 octobre 1829, prescrivant rejet, sans examen, de toute demande d'*assurance mutuelle des objets mobiliers.*

» Dans cet état de choses, on voit qu'il n'y avait pas que la législation, ou ce qui en tenait lieu, qui fût opposée à l'*extension du principe,* mais que l'opinion même des hommes qui passaient pour avoir étudié la matière, la déclarait inadmissible.

» Les faits en étaient restés là ; la question même n'avait été ni plaidée, ni vidée, et ces objections étaient visiblement dans l'intérêt du monopole ; mais elles avaient la force des vieux abus. Qui pouvait donc en faire justice ? La puissance des faits sans cesse reproduits.

» En effet, nos hommes d'état, ayant fini par être suffisamment renseignés, ont abordé ces questions d'économie publique et de cité, et se sont retirés convaincus que l'*extension du principe,* sur des bases en rapport avec la nature des intérêts assurés, était une mesure immense pour la sécurité des richesses de Paris, et que l'extension n'offrait que des avantages. La discussion avait été dirigée au conseil-d'état avec un sentiment d'équité, avec une attention bienveillante et des connaissances qui rappelaient les séances si consciencieuses du conseil-d'état impérial. Plusieurs de ses membres changèrent de rôle, et devinrent même tout-à-coup, de juges qu'ils étaient, avocats de la mutualité, tant une discussion de bonne foi fait marcher rapidement les idées les plus nouvelles. Aujourd'hui les difficultés de l'extension sont tranchées.

» Le principe est adopté par le conseil-d'état, et l'application des statuts que lui ont présenté les fondateurs de la Société Parisienne, est autorisée par ordonnance royale du 6 septembre dernier.

» Mais cette institution est menacée, dit-on, d'une difficulté bien inattendue! Le monopole vaincu voudrait essayer de faire assimiler cette œuvre toute publique à une affaire d'argent, à une affaire commerciale et privée, et tenter, sur cette curieuse interprétation, des concurrences qui auraient pour résultat de scinder les *masses à assurer*, d'empêcher le grand nombre de se réunir sur un seul point, dans un même cercle d'assurance mutuelle, et à transformer en ruine radicale la solution de la question. Nous retrouvons ici un dernier effort, un acte assez sagace, du reste, de la résistance des riches, des usuraires compagnies particulières qui essaieraient ces concurrences fictives sous des prête-noms; mais elles ne pourront réussir; car ici, dans l'intérêt même de la population parisienne, la Société mutuelle mobilière est saisie d'abord du droit d'une disposition nouvelle qu'elle a déclarée, formulée et placée sous la protection du gouvernement, qui a bien voulu discuter et ratifier ses bases et ses statuts.

» Mais il y a impossibilité de concurrence dans l'espèce, parce qu'il y a possession acquise à Paris; possession, parce qu'il y a application nouvelle; extension spéciale, parce qu'il y a utilité publique et absence d'affaires. Il s'agit de savoir si la mutualité pouvait être pratiquée près de la Société Parisienne, en vertu de ses catégories plus ou moins copiées; si elle n'est pas une possession exclusive à la cité qui l'a proposée, qui l'a fondée.

» Jusqu'à ce jour, bien qu'établi dans cinquante-trois départemens, le principe n'a compté, dans les provinces, que quelques rares concurrences; elles n'ont eu lieu que par extension, du consentement des intéressés; mais la concurrence n'a jamais existé dans *les villes*, et on n'a pas pensé qu'elle y fût licite, puisque la concurrence tue l'idée au lieu de la vivifier.

» Ainsi partout, en pratique, c'est une institution publique et non une profession, une entreprise.

» L'extension même n'a eu lieu que dans quelques pays et pour quelques cas fort rares, sous forme d'essais, et, pour ainsi dire, d'un commun accord avec la société-mère. La liberté de concurrence qui est sollicitée aujourd'hui constituerait donc la radiation formelle du principe, son impossibilité; par elle la Société renoncerait logiquement à la force de garantie naturelle qu'elle a, et cela, naturellement en se fractionnant. Puisque le principe, c'est tout le monde; la négation du principe, c'est la fraction que produirait la plus stérile concurrence.

(65)

» Point de concurrence à l'institution, ou l'institution périt ou n'est pas possible. Remarquez qu'il y a vingt ans que l'on a posé cela en doctrines. On ne peut vouloir les renverser aujourd'hui. D'ailleurs, partout les lois sont pleines d'exceptions en faveur des intérêts généraux.

» Si jusqu'ici, pour ou contre, la législation ne se prononce point, les précédens parlent et défendent l'existence sans concurrence, qui est tout le système de la mutualité. Voyez les exemples de la Suisse, de l'Angleterre, de la Hollande, de l'Allemagne et de la Prusse.

» N'y a-t-il pas, d'ailleurs, un fait qui remplace les lois quand elles sont muettes, qui les complète quand elles ne le sont pas, et qui nous guide dans l'ordre des faits moraux comme dans l'étude des faits matériels? Ce fait n'existe-t-il pas toujours dans les principes logiques des choses? Les principes disent qu'on ne peut autoriser une institution et la fausser en même temps.

» Mais où sont les principes? dans le but. On ne peut assimiler à toute force les compagnies mutuelles d'assurance, dès leur origine surtout, aux compagnies industrielles et commerciales, puisque, pour le fond, l'assimiliation n'a pas le moindre fondement.

» Les sociétés commerciales ont pour objet logique un bénéfice résultant de l'association contractée, tandis que les compagnies mutuelles n'ont pour objet que la simple garantie des sociétaires, la garantie sans bénéfice d'aucune espèce, et la spéculation n'y est pas possible : elles paient les sinistres, s'il y a des sinistres, ou ne paie rien, s'il n'y a pas de sinistres.

» Le but est ici, puisque ce but est d'intérêt général. Plus d'impôts, si aucun incendie n'éclate dans Paris ; mais quand il éclate, garantie complète pour la partie incendiée, garantie du plus grand nombre des citoyens ; pour tous, un coût d'assurance tellement abaissé que jamais économiste optimiste n'ait pu le rêver.

» Lorsqu'on promulgua le Code civil, et plus tard, le Code de commerce, on ne définit dans ce dernier que les trois espèces de sociétés commerciales ; mais, dans le premier, le Code civil, on ne dit pas un mot des sociétés qui ne sont ni commerciales, ni industrielles.

» Qu'en est-il résulté ? c'est que les sociétés mutuelles dont l'adoption en France est bien postérieure à la promulgation du Code civil et du Code de commerce n'ayant été définies ni dans l'un ni dans l'autre, il a fallu les classer provisoirement, pour la forme du moins, dans la catégorie des sociétés anonymes ; mais, quant au fond, c'est, dans l'origine, la législation du droit civil qui leur a servi de règle.

» En 1825, le titre d'anonymes qu'elles avaient fut mis en question, et il paraît qu'à dater de cette époque plusieurs sociétés mutuelles ont été constituées sans porter ce titre.

(67)

» Dès lors , elles n'ont plus eu rien de commun avec les sociétés commerciales, bien qu'elles soient restées soumises pour obtenir l'ordonnance royale à des formes qui semblent résulter des règles qui régissent ces dernières.

» Mais si les sociétés mutuelles ont perdu la dénomination qui les rattachait, pour la forme, aux sociétés commerciales, et que, pour le fond, elles en soient complètement différentes, comment les classera-t-on ? Quelles lois les régiront quand toutes les lois sont silencieuses? Il y a donc chaos, confusion, et quand on songe qu'il s'agit d'intérêts vitaux pour les masses, on peut dire qu'il y a urgence à ce qu'une législation spéciale soit faite immédiatement pour eux; jusqu'ici les intérêts de la mutalité n'étaient pas nés. Nous ne saurions d'ailleurs trop remonter aux principes.

» Les compagnies commerciales étant formées par quelques sociétaires isolés des populations, ayant pour objet des bénéfices qui se font sur les masses, le législateur a du, dans l'intérêt général, laisser provoquer la concurrence. Sans elle, en effet, les populations seraient exposées à des prétentions intolérables ; car ici les intérêts de ceux qui composent les compagnies commerciales sont séparés et même opposés en tous points aux intérêts de la généralité, et comme il n'est pas possible, et qu'il serait impolitique de limiter ou de restreindre directement par une loi les bénéfices de chaque société, il a fallu laisser agir le moyen intermédiaire et naturel de la concurrence.

» Mais les sociétés mutuelles ne sont point instituées par quelques sociétaires isolés, ce sont les masses elles-mêmes qui les composent, elles ne font de bénéfices d'aucune sorte, et les avantages qu'obtiennent ces sociétés profitent à tous et à chacun, car les intérêts d'une société mutuelle et les intérêts des sociétaires ne sont qu'une même chose, un tout compacte que rien ne peut diviser. Le législateur, dans l'espèce, sentira donc que pour protéger les intérêts généraux, la concurrence, loin d'y réussir comme dans les compagnies commerciales, erait au contraire funeste, puisque les compagnies mutuelles ont essentiellement besoin, pour prospérer, d'obtenir la plus large extension sociale.

» Qu'arriverait-il, si trois, quatre ou dix compagnies mutuelles s'établissent concurremment dans une même localité? Ceci :

» Les compagnies rivales opérant dans une même circonscription restreindraient les proportions de leurs bases en raison directe de leur nombre, et dès lors que leur nombre serait illimité, leurs opérations seraient tellement rétrécies, qu'il arriverait pour les localités populeuses ce qui arrive pour celles qui n'ont que peu d'habitans, à savoir, que faute d'un nombre suffisant d'intérêts à assurer il y aurait impossibilité de pratiquer l'assurance mutuelle qui n'a d'élémens de succès qu'appuyée sur la population entière.

» C'est à cette garantie de non-concurrence que la ville de Paris doit sa brillante et solide compagnie mutuelle des bâtimens. Croit-on que si elle eût eu une ou plusieurs compagnies rivales, elle pourrait assurer 1,000 fr. par 2 centimes, qu'elle engloberait l'assurance de deux milliards de valeurs immobilières, et que, dans ce genre, elle serait devenue ce qu'elle est, la première de toutes ?

» Il existe à Paris vingt-huit mille maisons, et cette compagnie en compte plus de vingt-trois mille dans son assurance. Supposez maintenant qu'elle n'eût recueilli, par suite de la concurrence, que le quart, le cinquième ou le dixième de ces assurances ; qu'en résulterait-il ? qu'au lieu de réaliser l'assurance, ainsi qu'elle fait, à 2 centimes environ par 1,000 fr. pour la répartition des sinistres, elle ne pourrait l'établir qu'à un chiffre beaucoup plus élevé, en raison des compagnies qui lui feraient concurrence, et ces dernières elles-mêmes auraient à faire subir cette fâcheuse augmentation à leurs sociétaires ; car l'expérience prouve que les avantages de la mutualité sont en raison directe du nombre des assurés ; puis, quatre, cinq ou dix compagnies rivales supposent autant d'administrations dont les employés nécessiteraient, à fort peu de chose près, quatre, cinq ou dix fois plus de dépenses en frais d'appointemens ou autres frais, qu'une même administration bien conduite.

» Nous concluons de tout ceci que la concurrence dans les sociétés mutuelles, dont le but unique est l'intérêt général, aurait un effet grandement nuisible aux intérêts publics, puisque cette concurrence préjudicierait à tous les sociétaires en élevant le prix de l'assurance.

» La rivalité, pour la compagnie mutuelle mobilière dans Paris, n'est pas possible, quand il s'agit d'une institution publique devant s'appuyer sur la grande majorité, quand il s'agit d'une conception qui serait faussée, si on lui opposait des rivales.

» L'intention de la loi n'est jamais de paralyser ou de fausser une bonne institution dont les résultats sont uniquement à l'avantage des masses. »

Nº 1.

TABLEAU, *par année, des opérations de la Compagnie Mutuelle immobilière, adressé par M. Pépin-Lehalleur, directeur, le 2 juin 1836, à M. le ministre du commerce.*

Ce Tableau indique le nombre de maisons et *fabriques* assurées contre l'incendie, leur évaluation, le produit brut des assurances, le montant des frais d'administration, le nombre des sinistres, l'appréciation des pertes par les propriétaires, et le total des sommes payées annuellement pour assurance.

ANNÉES.	Mai-sons.	Évaluation totale des assurances déduct. faite des radiat. Val. simples. (fr.)	Produit brut des assurances. (fr. c.)	Frais d'adminis-tration et autres. (fr. c.)	Nombre des mais. incend.	Évaluations des pertes par les propriétai-res. (fr. c.)	Sommes payées pour les assu-rances. (fr. c.)
1817	4,578	298,035,900	76,361 05	123,975	4	24,093 05	24,095 05
1818	9,198	250,824,000	158,043 75	90,000 10	42	25,520 45	25,520 45
1819	11,947	683,702,000	172,749 10	88,508 40	56	35,748 60	35,748 60
1820	14,129	788,769,000	199,812 10	89,755 60	79	17,215 75	17,215 75
1821	15,967	880,189,500	224,670 55	94,111 40	95	78,114 20	77,451 25
1822	16,929	1,008,072,500	127,055 20	91,869 85	101	36,556 10	29,774 90
1823	17,638	1,102,026,800	139,473 70	103,548 55	112	110,742 15	98,799 95
1824	18,451	1,212,885,000	155,368 85	103,556 20	237	146,487 10	119,427 51
1825	19,108	1,347,576,000	168,915 40	114,045 85	155	70,502 55	55,502 27
1826	19,696	1,415,676,000	176,959 50	108,025 50	157	59,444 70	16,695
1827	19,905	1,463,580,600	146,676 28	117,004 10	157	92,177 01	79,705 06
1828	20,132	1,509,679,600	151,499 06	128,440 15	188	98,944 40	84,706 95
1829	20,401	1,571,259,500	157,232 60	130,665 80	186	50,065 81	38,010 86
1830	20,781	1,603,688,500	160,690 50	130,941 80	154	48,545 40	43,550 65
1831	20,714	1,630,465,900	165,606 05	120,517 16	135	115,572 75	88,041 90
1832	20,694	1,658,475,300	164,165 10	146,115 28	174	42,460	55,510 15
1833	50,791	1,660,554,200	166,106 75	145,154 86	159	72,451 10	50,652 50
1834	20,884	1,681,427,100	168,760 50	147,554 53	204		
		22,058,681,200	2,858,073 62	2,072,367 91	2,211	1,124,807 20	899,783 60

Le montant des sinistres ne s'est élevé, dans une période de dix-huit années, qu'à la somme de 899,783 fr. qui, répartis sur le chiffre de 22,058,683,200 fr. donne une moyenne proportionnelle de 4 centimes 38/1000 par année pour chaque mille francs d'objets assurés.

En 1836, du 1er avril au 31 mars 1837, il y a eu une somme de 36,000 fr. seulement à répartir sur une somme de 4,900,000,000 f.; ce qui ne donne par mille francs que 2 centimes.

N° 2.

COMPAGNIE D'ASSURANCE MUTUELLE CONTRE L'INCENDIE,

POUR LES DÉPARTEMENS DE LA SEINE (Paris excepté) ET DE SEINE-ET-OISE.

M. Angard, directeur. — Le siége de l'administration, rue Bleue, 32, à Paris.

Tableau *comparatif du montant des assurances et des sinistres, par chaque exercice.*

INDICATION des ANNÉES.	MONTANT, PAR EXERCICE, DES VALEURS		SINISTRES PAR EXERCICE.					
	ESTIMATIVES.	ESTIMATIVES ET FICTIVES RÉUNIES.	ÉVALUATION DES DOMMAGES.		FRAIS D'EXPERTISE.		TOTAL	
1819	104,765,144	112,038,321	2,228	71	249	80	2,478	51
1820	127,882,544	137,927,351	8,920	55	119	»	9,039	55
1821	145,328,074	154,472,441	4,277	51	248	»	4,535	51
1822	158,841,060	170,468,037	7,036	44	488	65	7,525	09
1823	179,051,520	192,582,137	3,965	82	[illegible]01	50	4,467	32
1824	207,605,520	222,590,181	4,176	80	297	»	4,473	80
1825	244,197,720	261,236,023	16,400	27	1,069	70	17,469	97
1826	273,984,783	292,661,105	16.694	75	748	70	17,443	45
1827	303,196,433	323,950,150	70,537	50	1,058	77	71,596	27
1828	323,522,453	349,685,376	29,434	18	7,333	49	30,967	67
1829	340,191.499	368,223,359	18,809	22	794	20	19.603	42
1830	352,919,862	381,185,676	21,901	41	1,460	58	32,561	99
1831	360,240,287	391,236,457	16,885	56	1,417	80	18,303	36
1832	366,422,741	398,397,722	28,791	62	1,[illegible]80	40	30,372	03
1833	371,425,594	408,805,366	66,579	80	2,597	40	69,127	2
1834	379,999,134	416,183,756	81,955	46	2,616	30	84,571	76
	4,237,545,168	4,581,421,419	398,595	60	16,731	29	415 325	29

Le montant des sinistres s'est élevé durant seize ans à la somme totale de 415,325 fr. 89 c. qui, répartis sur le chiffre de 4,581,421,419 fr., donne une moyenne proportionnelle de 9 centimes 1/16 par année, pour chaque mille francs d'objets assurés.

TABLEAU COMPARATIF

Des Tarifs de la Société Mutuelle Parisienne Mobilière, avec ceux des Compagnies à Prime fixe.

Compagnies à prime fixe.

Dans la 1re classe on paie depuis 1 fr. jusqu'à 1 fr. 50 cent., et même 2 francs.

Dans la 3e classe on paie depuis 2 fr. jusqu'à 9 fr., et même 15 francs.

La comparaison entre les prix des Compagnies à prime et ceux de la Société mutuelle n'a cependant été établie que sur le pied de 1 fr. à 1 fr. 50 cent., pour la 1re classe, et de 2 fr. à 9 fr. pour la 2e; tandis que si on avait opéré rigoureusement, en appliquant le maximum du prix de 2 fr. pour la 1re classe, et de 15 fr. pour la 2e, la différence entre le cours de l'assurance à Prime fixe est celui de la Mutuelle aurait été plus grande envers plusieurs professions (1).

Société mutuelle parisienne mobilière.

D'après des calculs exacts basés sur des documens qui émanent de l'autorité, la moyenne proportionnelle du montant des incendies qui ont eu lieu depuis seize ans dans Paris, ne s'est pas élevée pour les mobiliers et marchandises, au dessus de 10 centimes par mille francs (chaque année). On est parti de ce chiffre (10 centimes), pour évaluer ce que chaque espèce doit que, divisé par catégories et classes, aurait à payer :

		La 1re Classe paiera par mille francs	0 fr. 4 c. 9/10
Ainsi dans la 1re Catégorie.	2e » » »	0 5 5/10
	3e » » »	0 7
Dans la 2e Catégorie.	1re Classe » »	0 10 63/10
	2e » »	0 14 7/10
	3e » »	0 17 6/10
Dans la 3e Catégorie.	1re Classe » »	0 90 8/10
	2e » »	0 98 3/10
	3e » »	0 35 3/40

Aux sommes ci-dessus indiquées pour réparation des sinistres, il faut ajouter les 50 centimes que chaque Sociétaire est tenu de payer par mille francs pour les frais d'administration, c'est ce qui compléte le coût de l'assurance (a). Il ne paiera que 45 centimes s'il s'assure pour 6 ans, et 40 centimes s'il s'assure pour 9 ans.

PRIME POUR 1000 FRANCS. — NATURE DES OBJETS ENGAGÉS A L'ASSURANCE. — CONTRIBUTION AUX SINISTRES ET FRAIS D'ADMINISTRATION POUR 1000 FRANCS.

Colonnes de gauche : 1re CLASSE (1er risque, 2e risque), 3e CLASSE (1er risque, 2e risque), 5e CLASSE (1er risque, 2e risque).
Colonnes de droite : 1re CATÉGORIE (1re, 2e, 3e classe), 2e CATÉGORIE (1re, 2e, 3e classe), 3e CATÉGORIE (1re, 2e, 3e classe).

PREMIÈRE CATÉGORIE. — 1re CLASSE.

Les mobiliers meublans et les marchandises les moins inflammables renfermés dans les maisons d'habitation et dépendances bâties en maçonnerie, non contiguës aux bâtimens où s'exerce une profession dangereuse quelconque. — Fer en barres et grosse fonte (marchands de). — Marbriers sculpteurs. — Morues et autres salaisons (marchands de). — Oxides métalliques, manganèse, vert et gris (dépôts de). — Hospices et hôpitaux. — Collèges et écoles. — Sels, alun et autres sulfates (marchands et dépôts de). — Potasse (dépôts de). — Bouchers.

Contribution 1re catégorie, 1re classe : 0.54 4/10

PREMIÈRE CATÉGORIE. — 2e CLASSE.

Bains publics sur le sol. — Bois à brûler (ébénistes). — Bonnetiers (marchands). — Bourreliers. — Boulangers. — Bandagistes. — Blanchisseuses. — Bois en billes (marchands de). — Bouchons (marchands de). — Broderies (ateliers de). — Bouillons hollandais (dépôts de). — Chapeliers (marchands). — Charpentiers. — Charcutiers. — Confiseurs détaillans. — Chicorée (dépôts de). — Charrons. — Corroyeurs. — Couvreurs. — Couleurs (marchands de). — Cartons et cartes (magasins de). — Cristaux et verres non taillés (mds). — Culottiers, gantiers et bretelles (fabricans et marchands). — Chandelles (marchands). — Charbon de terre (mds dépositaires). — Chaudronniers (marchands et fabr.). — Ciseleurs (fabricans).

Coutelliers (marchands). — Ceinturonniers (fabricans). — Cloutiers. — Coiffeurs. — Comestibles (marchands de). — Décorateurs sur porcelaines sans four. — Doreurs sur métaux. — Draps (marchands de). — Ébénistes sans atelier de construction. — Épiciers. — Fondeurs de métaux. — Foulons (mécanique). — Ferblantiers (marchands). — Frangiers (marchands). — Farines, fécules et légumes secs (marchands et dépôts de). — Forgerons. — Fontainiers (marchands). — Fromages (marchands de). — Fruitiers (sous magasin de fourrage). — Grainetiers sans magasin de fourrages à côté de boutique. — Grainetiers pour semences. — Graveurs sur bois et métaux. — Hôtels garnis (maîtres d'). — Lampistes (non fabricans). — Libraires. id. — Lingeries (marchands de).

Maréchaux ferrans. — Nouveautés (marchands de). — Passementiers (marchands). — Papiers peints (marchands). — Parapluies (marchands de). — Peaussiers (marchands). — Peintres en bâtimens. — Pharmaciens sans laboratoire. — Plombiers. — Papiers peints (magasins ou dépôts). — Passementiers (marchands). — Peintres (artistes). — Rôtisseurs (marchands). — Serruriers. — Selliers harnacheurs (fabr. et march.). — Soie en bottes, en écheveaux ou pelottes (marchands de). — Tanneurs sans moulin à tan. — Teinturiers dégraisseurs. — Traiteurs et restaurateurs. — Tailleurs. — Tréfileries. — Tabacs (entrepôts et débits de). — Tonneliers. — Tourneurs en albâtre. — Volailles (marchands de). — Vins (marchands en gros et en détail). — Zinc (dépôts ou couvreurs en).

Contribution : 1.95 (prime) ; 0.55 ... (contribution)

PREMIÈRE CATÉGORIE. — 3e CLASSE.

Albâtre (marchands d'). — Aubergistes. — Bougies (marchands de). — Bains publics sur bateaux. — Batteurs d'or et d'argent. — Bijoutiers (marchands). — Boutons (fabricans de). — Boisseliers (fabricans et marchands). — Bric-à-brac (marchands de). — Beurre (marchands de). — Bronze (fabricans). — Brossiers (marchands). — Calicots (fabricans de) sans filature. — Cordes (fabricans de). — Céruse (fabricans de) sans métier à la Jacquard. — Chapeaux de paille et de feutre de soie (fabricans de). — Chantiers de planch. et bois de const. — Cordiers (march.). — Couleurs sans tulle ni vernis (fab. de). — Céruse-pierre (fabrique de). — Chanvre, brai, goudrons et bitumes (marchands et dépôts de). — Cristaux taillés. — Ceinturons de soie (fabricans de). — Curiosités (marchands de). — Girons (marchands). — Coutteurs (fabricans sans raffinerie). — Cachemires et autres châles (mare. de). — Cartonniers (fabricans et marchands). — Découpeurs de fanons, chaudières et... — Pendules, cuvettes en os (fabr. de). — Craquelins (marchands) sans laborat.

Épingles et aiguilles. — Estampes, cartes et gravure (march.). — Enlumineurs et coloristes. — Étoffes riches et chasubles (marc. d'). — Fayenciers. — Filtreries. — Fleurs artificielles (march. et fab.). — Fondeurs en caractères. — Fourreurs (marchands). — Filature de soie et mouliniers. — Géographie (cartes) (magasins de). — Grandes messageries et entrepreneurs de voitures publiques. — Horlogers. — Imprimeurs en caractères sans atelier de brochage ou étendage. — Huile à graisser et à brûler (marchands dépositaires). — Jouets d'enfans (marchands). — Jouets d'enfans (marchands). — Layetiers emballeurs. — Lampistes (fabricans). — Lithographie. — Luthier. — Loueries de voitures. — Laines (dépôts de). — Manègea. — Marchands de chevaux. — Mécaniques (fabricans de). — Menuisiers. — Musique (marchands de) avec et sans instrumens. — Modes. — Miel (dépôt de).

Naturalistes empailleurs. — Nourrisseurs (charretiers). — Orfèvres (marchands). — Opticiens (marchands). — Parfumeurs (non fabricans). — Pianos (facteurs). — Plaques (fabricans de). — Plomb laminés (fabriques de). — Porcelaines (marchands de, ou mag.). — Plumassiers et apprêteurs de plumes. — Peintres en voitures. — Poste aux chevaux. — Quincailleries fines (marchands de). — Raffineurs d'huile épuratoire. — Raffineries de sel. — Relieurs. — Remiseurs de voitures (sans écuries ni magasins de fourrage). — Rubans et lacets (fabricans de). — Soieries. — Soudes et potasses. — Sucreries et chocolateries mues par la vapeur. — Sparteries (fabricans). — Tapis (fabricans de). — Teinturiers avec séchoirs à froid. — Tisserands avec métier à la Jacquard. — Tourneurs en chaises. — Tourneurs sur bois. — Tableticrs (fab. et marchands de). — Verdiers. — Voitures (loueurs). — Voitures publiques (entrepreneurs).

Prime : 1.80 ; contribution : 0.57 ...

DEUXIÈME CATÉGORIE. — 1re CLASSE.

Acier (fabrique d'). — Affineurs. — Arens (fabrique d'). — Amidonneries. — Apprêts de tissus de fil et de coton. — Blanchisseries pour séchoirs à chaud. — Brocheurs. — Bimbelotiers (march.). — Broyeurs de couleurs sans machines. — Boisseliers (non fabricans). — Bougies (fabriques de). — Brasserie. — Chandeliers (fab. de) sans fonte de suif. — Cardes à laine (fabricans de). — Charbons de bois sur bateaux.

Commissionnaires de roulage. — Demoiselles, tulles et blondes (mag.). — Chicorée (fabricans). — Couvertures de laine (fabricans). — Eau de Cologne (march. de). — Émailleurs. (fabricans de radraves). — Flanninges ou grillages d'étoiles. — Fonderies. — Forges et martinets. — Fouleux. — Glaces (dépôt ou magasin). — Imprimeurs avec atelier de brochage. — Instrumens d'optique, lergnettes (fabricans d'). — Laines en laine. — Lin en magasin. — Liqueurs ou magasin. — Liquoristes (fabricans). — Objets en crins. (marchands d'). — Produits chimiques (subst. non infl.). — Soieries mues par la vapeur. — Soierie (fabrique de), avec métier à la Jacquard. — Savon (fabrique de). — Tulles et dentelles (magasins de). — Passages couverts (mobiliers et marchandises dans les). — Toiles peintes et dépendances. — Toilettes, cirés. (marchands de)

Prime : 9. ; contribution : 0.60 ...

DEUXIÈME CATÉGORIE. — 2e CLASSE.

Bimbelotiers (fabricans). — Brosseries. — Brocheurs. Assembleurs. — Broyeurs avec machine. — Cire à cacheter (fabricans de). — Colle-forte (fabricans de). — Couverture de mes. (fabricans de). — Céruse. (fabrique de).

Chandelles (fab.) avec fonte de suif. — Cotons, charpies (dépôts de). — Cuirs et métaux vernis. — Cirlets (fabricans). — Confiseurs. (fab. de bonbons et sirops). — Crayons (fabricans de). — Distilleries d'... au-de-vie. — Distillateurs liquoristes. (fabricans)

Draps (fabricans). — Fourrages (marchands de). — Gluons et verrotiers. (fabriquenis). — Huile de pieds de bœuf, gélatine (fab.). — Huile (fabricans d'). — Parfumeurs (fabricans). — Pharmaciens avec grands laborat.) — Sucre de betteraves (sucs raffinerie (fa)

Prime : 4.50 ; contribution : 0.64 ...

DEUXIÈME CATÉGORIE. — 3e CLASSE.

Bois effilés. (scieries de) — Bois de construction nautiques (chantiers). — Charbons de bois en mag. et bâtim. — Distillerie d'eau-de-vie.

Eau de Cologne (fabricans d'). — Fécule et vermicelle (fabricans de). — Huile (fabrique d'). — Imprimeurs sur étoffes. — Machine à vapeur.

Moulin pour bois de teinture (par eau). — Moulins pour bois de teinture et huile. — Modeleurs en cire (fabricans). — Soieries (fabrique de) avec métiers à la Jacquard et machine à vapeur.

Prime : 5. ; contribution : 0.67 ...

TROISIÈME CATÉGORIE. — 1re CLASSE.

Esprit au-dessus de 22 deg. (en mag.) — Papiers peints (fabrique de). — Parfumeurs (fabricans).

Raffinerie de soufre. — Taffetas gommés et toiles cirées en magasin.

Teinturerie (séchoir à froid). — Térébenthines (fabricans de).

Prime : 7. ; contribution : 0.70 ...

TROISIÈME CATÉGORIE. — 2e CLASSE.

Distilleries d'esprit. — Filature de laines peignées ou séchées.

Filature de lin sans préparation. — Porcelaine, faïence, poterie (fab. de).

Raffinerie de sucre, fab. de sucre. — Vernis (fabrique de).

Prime : 8. ; contribution : 0.78 ...

TROISIÈME CATÉGORIE. — 3e CLASSE.

Filatures de coton chauffées à la vapeur, non éclairées au gaz. — Filatures de coton chauffées à la vapeur, éclairées au gaz. — Filatures de laines grasses ou cardées. — Filatures de lin avec préparation.

Ouates (fabrique de). — Peignage à la mécanique, à la vapeur. — Taffetas gommés et toiles cirées.

Prime : 9. ; contribution : 0.85 3/10

INDICATION DES RISQUES.

(1)

1re Classe	1er risque : Bâtimens construits entièrement en pierres, briques ou moellons. 2e risque : Bâtimens de construction mixte, mais où la pierre domine, bâtimens en pisé.
2e Classe	1er risque : Bâtimens de construction mixte, où le bois domine, ou en pans de bois garnis de briques ou de plâtres. 2e risque : Bâtimens tout en bois ou en torchis, ou en pan de bois recrépis en torchis.
3e Classe	Couvertures en bois, chaume ou roseaux.

SIÈGE DE L'ADMINISTRATION, RUE DE LA VICTOIRE, 36.

(a) Chaque Sociétaire est en outre tenu de déposer le 1/20e du fonds de garantie sociale; cette somme lui est rendue à la fin de son assurance. Les fonds qui proviennent de ce versement sont placés en rentes sur l'état, les intérêts profitent en faveur de la Société, qui les emploiera au paiement des sinistres :

MONTANT DU DÉPOT.

1re Catégorie	1re Classe pour mille francs	0 fr. 60 c.
	2e » » » » . .	0 75
	3e » » » » . .	1 00
2e Catégorie	1re » » » » . .	1 50
	2e » » » » . .	2 00
	3e » » » » . .	2 60
3e Catégorie	1re Classe pour mille francs	3
	2e » » » » . .	4
	3e » » » » . .	5

Impr. de D'URTUBIE, WORMS et Cie, rue Saint-Pierre-Montmartre, 17.

[illegible]	[illegible]	[illegible]	[illegible]	[illegible]
[illegible]	[illegible]	[illegible]	[illegible]	[illegible]
[illegible]	[illegible]	[illegible]	[illegible]	[illegible]

[illegible]

[illegible]

[illegible]

[illegible]

[illegible]

[illegible]

Imprimerie D'URTUBIE, WORMS & Cie

9 782019 985332